셰이크 모하메드

상상력과 비전의 리더십

KB207637

차례

Contents

들어가며

　당대 '최고'라는 말은 그 시대의 가장 역동적인 변화나 주목되는 현상에 부쳐지는 표현이다. 과거 인류 역사에는 최고의 문명이 있었고 이러한 문명을 이끈 최고의 지도자도 있었다. 인간이 집단사회를 만들어 가기 시작하면서 이 표현은 권력을 통해 재생되고 주목되는 사회적 변화 양상을 나타나는데 사용되었다. 그러나 오늘날과 같이 정보, 통신, 교통이 발달한 시대에서 '최고'라는 말은 권력 이상의 큰 의미와 파워를 갖는다. '최고'는 사람들의 관심을 돈으로 변화시키는 경제적인 힘으로 변화했기 때문이다. 사람과 투자를 끌어들이는 흡입력을 갖고 있다.

　우리는 이러한 현상을 몇 년 전부터 두바이에서 목격하고 있다. 두바이에서 세계 최고층을 자랑하는 '부르즈 두바이' 건설계획이 발표되는 순간, 세계는 두바이가 벌이는 '대형 프로젝트'에 흥분을 감추지 못했다. 모래 바람만이 지나가는 황량한 사막에 세계 최고급 호텔, 세계 최대 인공섬, 세계 최대 쇼핑몰과 위락단지, 사막 속의 스키장 등이 건설된다니 이를 어찌 상상이나 할 수 있었겠는가? 그 이후 계속 전해지는 두바이의 최고, 최대, 최초의 수식어가 붙은 프로젝트는 불과 몇십년만 해도 작은 어촌에 불과했던 두바이에 대한 인식을 송두리째 변화시키고 있다. 두바이는 이제 석유나 팔며 전통 속에서 살아가는 중동의 한 이슬람국가가 아니라 최첨단을 선도하는 초현대 국가로 발돋움하게 된 것이다. 요즘 한국에는 두바이 관광객을 모집하는 광고가 인터넷과 신문에 끊이지 않고 있다. 테러로 얼룩져 있는 중동의 한 국가가 아니라 꼭 '가봐야 하는 나라'라는 인식이 새로이 생겨난 것이다.

불과 10년 전만 해도 '두바이산 석유'로만 듣던 작은 토후국 두바이가 이제는 전 세계 국가와 지도자들이 벤치마킹하는 나라로 떠오른 것이다. 여기서 우리는 작은 나라 두바이를 전 세계가 주목하는 나라로 변화시킨 힘과 비결이 무엇인지를 알아보지 않을 수 없다.

두바이의 혁신적 발전과 번영은 두바이 통치자의 미래지향적 비전과 불굴의 추진력에 힘입은 바 크다. 그가 바로 전 세계의 주목을 받고 있는 셰이크 모하메드 빈 라시드 알 마크툼 Sheikh Mohammed bin Rashid Al Maktoum(이하 셰이크 모하메드)이다.

그에게는 다른 지도자에게서 찾아보기 어려운 독특한 국가 비전이 있다. 그것은 두바이를 세계의 중심으로 올려놓겠다는 포부이다. 이미 탄탄한 발전 기반을 가진 선진국을 따라잡고 능가하기 위해서는 두바이만이

셰이크 모하메드

갖고 있는 색다른 것을 내놓아야 한다는 것이 그의 생각이다. 사막의 작은 나라에 관심과 투자, 그리고 사람이 몰려들게 하기 위한 전략인 셈이다. 셰이크 모하메드가 추구하는 이 전략에는 절실함이 담겨있다. 우리가 생각하는 것처럼 오일머니가 남아돌아 지나친 투자를 하는 것이 절대 아니다. 두바이가 석유에 의존하지 않고 생존하려는 방법을 찾고자 하는 것이다. 이는 뜨거운 태양 아래 모래뿐인 두바이가 살아남기 위한 처절한 몸부림이기도 하다. 또한 사막 속 오아시스를 찾아다니며 힘겹게 가축을 키우는 유목 생활을 더 이상 후대에 물려주지 않기 위한 발상이기도 하다.

사슴은 사슴대로 도망치기에 강해져야 살아남을 수 있고, 사자는 또 그 나름대로 사냥하기에 강해져야만 살아남을 수 있다고 그는 지적한다. 사슴과 사자를 비교하면서 셰이크 모하메드는 '대충대충 살아가는 것'은 위험하다고 설명한다. 이 같은 삶의 방식으로는 항상 위험에 처할 수 있음을 지적한다. 반면 최고가 되기 위해 노력한다면 여유로운 삶을 영위할 수

있을 것이다. 가장 빠른 사슴과 가장 힘센 사자는 초원에서 큰 걱정 없이 풀과 고기를 마음껏 먹으며 살 수 있다. 셰이크 모하메드가 엄청난 사업을 계속 추진하는 이유가 바로 여기에 있다. 단순히 자신과 현 세대를 위한 것만이 아니다. 최고가 되기 위해 노력하는 과정은 자신의 세대는 물론 후손들에게까지 밝은 미래를 가져다 줄 수 있다는 것이다. 이 과정에서 두바이는 현재 번영을 맘껏 누리고 있다.

또한 셰이크 모하메드는 미래를 위해 현실의 문제점을 적확히 집어내는 '위기의식'을 가진 지도자이다. 이 같은 인식을 바탕으로 그는 장기적인 비전을 내놓고 있다. 석유자원을 가지고 떵떵거리며 사치를 일삼는 다른 중동 지도자와는 다르다. 그는 현재 상황에 대해 불만을 쏟아놓고는 한다. 정부기관을 불시에 방문해 출근하지 않은 공무원을 파면조치하기도 한다. 이러한 점에서 그는 매우 특이한 지도자이다.

우리는 두바이가 엄청난 산유국이라고 오해하곤 한다. 그러나 두바이의 산유량은 국민이 겨우 먹고살 수 있을 정도일 뿐이다. 아랍에미리트연합(United Arab Emirates, 이하 UAE)의 석유생산 대부분은 연방 수도가 위치한 토후국 아부다비가 공급하고 있다. 때문에 현재의 대부분 프로젝트는 외부로부터 끌어들여온 돈으로 추진되고 있다. 어려운 상황이지만 장기적인 미래를 보고 국가개발에 나서고 있는 것이다. 조금 나오는 석유로 대강 먹고살겠다는 것이 아니라, 이를 위기로 판단하고 장기적인 대책을 세운 것이다.

작은 나라 두바이의 발전과 번영에는 분명히 지도자의 역할이 두드러졌다. 현재에 만족하지 않는 지도자, 원대한 국가 비전을 제시할 수 있는 지도자, 작은 것에 눈을 돌리지 않고 큰 목표를 향해 강력한 추진력을 보여줄 수 있는 지도자가 바로 세이크 모하메드이다. 그의 국가 비전은 분명 우리에게도 올바른 지도자상에 대해 다시 생각할 기회를 주고 있다. 작은 나라에서 사소한 문제를 가지고 논란만 일삼고 있는 것이 우리 지도자들이 아닌가. 우리 경제와 국가가 나아가야할 방향은 확실히 정해져 있는가. 또한 우리는 정말 차세대 리더십을 키워내기 위해 어떤 노력을 벌이고 있는가. 세계에서 유례없는 급성장을 달성한 우리가 그 달콤한 과거에만 도취되어 있지는 않는가. 이 모든 것이 우리 모두가 반성해야 할 부분이 아닐까?

이 책은 두바이의 혁신적인 변화를 이끌고 있는 세이크 모하메드의 삶과 통치철학, 그리고 비전과 리더십을 소개한다. 이를 통해 우리가 배워야 할 점과 앞으로 우리가 어떤 방향으로 미래 전략을 세워야 할지를 함께 고민해 보고자 한다.

쉬지 않고 변신하는 두바이

변화의 선구자 고 셰이크 라시드 국왕

미국 시사주간지 『타임』은 2006년 5월 8일자에서 두바이 경제를 이끌고 있는 셰이크 모하메드를 '세계를 변화시킨 영향력 있는 인사 100명'에 포함시켰다. 이로써 그는 전 세계 29개국에서 선정된 세상을 바꾼 사람들 중의 한 사람이 되었다. 왕정王政 이슬람 국가이지만 자본주의 국가보다 더 개방적인 경영 시스템을 창출한 두바이의 지도자 셰이크 모하메드에 대한 서방의 찬사와 놀라움이 잘 녹아 있다.

서방 언론이 두바이의 왕족에 관심을 가지는 이유는 무엇인가? 그 답은 조그만 진주잡이 어촌에 불과했던 두바이를 수십 년 만에 번영하는 중동의 중심으로 변모시킨 마술과 같은 그들의 리더십에서 찾을 수 있다. 그리고 그들 가운데 지금 두바이 경제를 이끌고 있는 셰이크 모하메드가 있다.

두바이를 전 세계에서 가장 빠르게 발전하는 경제궤도에 올려놓은 것에는 셰이크 모하메드의 경제구조전환 정책이 주효했다. 석유 고갈에 대비한 경제발전 전략을 조기에 채택했다는 점이 크게 작용했다. 이러한 노력의 결과로 두바이는 GDP 중 비석유 부문의 비중이 97%(2005년 말 기준)에 달할 정도로 석유에 대한 의존도가 크게 낮아졌다. 서비스 분야가 상대적으로 높아져 석유에 의존하는 경제 구조를 근본적으로 바꾼 것이다. 전 세계는 물론 중동 국가들이 두바이의 성과에 놀라고 두바이를 배우려는 이유가 여기에 있다. 석유가 이제 더이상 중동의 '만병통치약'이 아니기 때문이다.

중동의 사막에서 새 역사를 쓰고 있는 두바이. 두바이의 천지개벽 뒤에는 강력한 리더십을 가진 왕족이 있었다. 작은 어촌 마을이던 두바이를 세계적인 항구 도시로 만들겠다는 꿈을 최초로 꾼 사람은 고故 셰이크 라시드 국왕(셰이크 모하메드의 아버지)이다.

그는 1958년 두바이 국왕이 되자마자 중동 최고의 항구 건설을 추진한다. 두바이가 아시아와 유럽을 잇는 전략적 위치에 있다고 판단했기 때문이다. 이 계획에 대해 부족 내에서는 반발이 거셌다. 당시 수만 명의 인구도 안 되던 작은 진주잡이 마을을 중동의 물류 허브로 만든다는 계획에 동의한 사람은 거의 없었다. 이때는 주변 지역에서 석유가 발견되기도 전이었다. 더욱이 대규모 항만 건설에 필요한 돈도 없었다.

하지만 셰이크 라시드는 이에 굴하지 않았다. 국내외의 비난에도 불구하고 1959년 두바이를 중동 최대의 항구로 만들기에 착수한다. '노력하는 사람에게 운도 찾아 든다'는 격언처럼 라시드 국왕의 항구 건설 사업에 큰 도움이 될 사건이 생겼다. 1964년 석유가 발견된 것이다. 항만 건설은 많은 우려를 비웃듯이 신속히 진행됐다. 1972년 마침내 35개의 정박소를 갖춘 중동 최대의 항구 라시드 항이 문을 열었다. 사막을 접한 해변이 수많은 화물선이 드나드는 항구로 변신하는 것은 아무도 상상하지 못했던 일이었다. 그러나 셰이크 라시드는 항구건설에 성공하면서 어촌 마을을 세계의 관심을 끄는 '사막의 맨해튼'으로 바꾸는 기초를 마련했다.

'검은 황금' 석유의 발견은 적은 인구의 두바이에게도 사실 '대박'이었다. 그러나 셰이크 라시드는 이 황금을 돌처럼 보기로 결심했다. 시간이 지나면 고갈되는 황금에 현혹돼 국가의 미래를 맡길 수는 없다고 그는 판단했다. 라시드 국왕은 석유 없이도 자립할 수 있는 경제구조를 차근차근 다져나가기 시작했다. 다른 중동국가와는 다른 다원화된 경제를 목표로 제시했다. 둘러보면 보이는 것이 사막뿐인 곳에서 그는 두바이가 가진 다른 환경인 바다에 눈을 돌렸다. 사막에서는 석유가 나오지만 여기에만 의존할 수 없다는 생각에서였다. 바다를 통해 다원화된 경제를 꿈꾸기 시작한 것이다. 외국의 선박과 사람을 끌어들이기 위해서 두바이를 물류의 허브로 만들겠다는 결심을 하게 된 것이다. 물류와 무역의 중심지가 된다면 이와 관련한 금융·관광 등 새로운 경제 축이 두바이에 구축될 수 있을 것이라고 판단했다. 이 바다를 통해 (후에는 하늘을 통해) 외국인과 투자를 두바이로 끌어들여 국가건설의 원동력으로 이용하겠다는 것이 그의 구상이었다.

현재를 냉철히 평가하고, 미래를 내다보고, 이를 준비할 줄 아는 지도자만이 제시할 수 있는 비전이었다. 이를 위해 라시드 국왕은 석유로 인한 수입을 소비성 지출보다는 인프라 구축에 과감하게 투입했다. 당대에 소비하지 않고 두바이의 미래를 위해 아낌없이 투자했다. 1972년 완공된 라시드 항구는 대성공을 거두었다. 두바이의 당시 무역규모에 비해 무모할 정도의 규모라는 우려는 몇 년 지나지 않아 사라졌다. 외국 선박이 밀려들기 시작하면서 오히려 '너무 작다'는 재평가가 이뤄졌다. 그래서 라시드 항구의 두 배 규모인 세계 최대 인공 항구 자발 알리 항구를 새로 짓기 시작했다. 이와 더불어 두바이 국제공항과 교량 및 도로 건설을 본격적으로 추진했다. 중동 내 무역, 물류, 금융의 허브로 나아가기 위한 두바이의 기본 틀이 마련되기 시작했다.

1990년 셰이크 라시드가 숨을 거둔 뒤에도 라시드의 '두바이 허브화' 정책은 후대 정권에서 한결 같이 추진되었다. 셰이크 라시드의 뒤를 이은 장남 셰이크 마크툼 빈 라시드 알 마크툼 국왕(재위 1990.11.~2006.1.)도 두바이 국제공항 건설과 도로 확충, 현대식 공원 건설 등 주로 인프라 구축에서 두드러진 업적을 남겼다.

"승리를 거두었습니다"

"시간과 싸우는 경주에서 우리는 승리를 거두었습니다. 그러나 제가 항상 말해왔듯이 경주는 이제 시작단계일 뿐입니다. 새로운 경주를 준비해야 합니다. 더 큰 장애물과 도전이 있을 수도 있습니다."

2007년 2월 3일 대국민 연설에서 셰이크 모하메드는 힘이 넘치는 목소리로 말했다. '두바이전략계획 2015'를 발표하는 자리였다. 이날 연설은 의례적인 국정연설이 아니라 두바이의 미래를 펼쳐 보이는 특별한 의미를 가진 행사였다. 셰이크 모하메드는 2015년까지 바라보는 두바이의 성장목표를 공개했다. 2000년 '두바이전략계획 2010'을 이미 발표했던 그가 또 다시 새로운 장기 비전을 내놓은 것이다. 7년밖에 지나지 않았는데 왜 또 새로운 10년 장기 비전을 발표했을까? 이유는 간단하다. 2000년에 정한 목표를 모두 달성했기 때문이다. 그 것도 불과 5년 만인 2005년 말까지의 통계를 기준으로 한 평가였다. 불과 5년 만에 목표를 압축 달성하고 1년여간 새로운 계획을 준비한 뒤 2007년 2월에 다시 새 목표를 제시한 것이다.

이것은 초고속 성장가도를 질주하는 두바이의 현재 모습을 명확히 알려주는 장면이었다. '전략계획 2015'는 GDP를 2005년 370억 달러에서 2015년엔 1080억 달러로 3배가량 늘리겠다는 셰이크 모하메드의 구상을 담고 있다. 또한 그는 1인당 국민소득을 2005년 3만1000달러에서 2015년 4만4000달러로 약 1만 달러 이상 더 늘리겠다고 설정했다. 이를 위해 10년간 경제성장률을 연평균 11%로 유지하고 일자리 88만 2000개를 창출하겠다는 목표도 제시했다.

7년 전인 2000년 셰이크 모하메드는 10년 내에 GDP 300억 달러, 1인당 국민소득 2만3000달러를 달성하겠다고 약속했었다. 그의 약속은 세계가 놀랄 정도로 빨리 현실화했다. 지난 2005년 두바이의 GDP는 370억 달러, 1인당 국민소득은 3만1000달러를 기록했다. 목표치를 5년이나 앞당긴 동시에 큰 폭으로 초과 달성한 것이다. 실제로 2000~2005년 사이 두바이가 기록한 연간 평균 경제성장률은 13%였다. 최근 고속 성장하는 국가인 중국의 9%를 크게 넘는 수준이다. 한국의 참여정부가 출범 당시 약속한 연 7% 성장과 연간 50만 개 일자리 창출 등의 목표는 얼마나 달성됐는지 돌아볼 만한 대목이다. 두바이는 한마디로 한국과 대조적인 성장가도를 지금 이 시간에도 달리고 있다.

이보다 더 중요한 중동 및 세계가 놀란 결과는 산업구조 개선이다. 두바이가 산유국이라는 인식을 완전히 깨트린 통계수치가 있다. 2000년 셰이크 모하메드는 GDP에서 석유가 차지하는 비중을 6%로 낮추겠다고 공표했다. 당시 석유 비중은 10%였다. 셰이크 모하메드는 "이 약속을 지킨 것이 가장 만족스런 대목이다"라고 강조했다. 2005년 말 기준으로 두바이의 GDP에서 석유가 차지하는 비중은 3%였다. 절반의 기간 내에 목표보다 두 배 낮은 수치를 달성한 것이다. 오일 쇼크가 있었던 1970년대에는 두바이도 GDP에서 석유 부문 비중이 50% 정도에 달했다. 그러나 2005년 통계에 따르면 두바이의 서비스 산업 GDP 기여도는 74%였다. 산업구조가 크게 변했음을 쉽게 알 수 있다. 그러나 셰이크 모하메드는 이날 현재의 결과에 만족하지 않고 계속 질주하겠다는 의지를 밝혔다. "새로운 경주를 준비해야 한다"는 그의 말은 두려움마저 느끼게 할 정도이다.

두바이는 총면적 4114평방킬로미터로 제주도의 2배 정도밖에 안 되는 작은 토후국이다. 외국인이 100만이 넘고 순수한 자국민 인구는 30만 정도로 자국인 인력보다 외국인 인력에 대한 의존도가 높다. 원유생산량도 미약하다. 하루 원유생산량이 20만 배럴 정도다. 사우디아라비아의 2%밖에 안 된다. 석유 매장량도 아부다비가 922억 배럴인 데 비해 두바이는 40억 배럴에 불과하다. 이마저도 2020년이면 거의 바닥이 난다고 한다. 다른 산유국에 비해 자원도 빈약한 아랍권의 작은 나라에서 이렇게 엄청난 변화가 어떻게 일어날 수 있는 것일까? 부인을 수십 명씩 두고 사치만 즐기는 것으로 알았던 아랍의 왕족들이 만들어내는 신기루일까? 아니면 아시아에서 온 근로자를 착취하고 인권을 유린한다는 걸프 산유국에서 벌어지는 이례적인 현상일까? 과연 무엇이 두바이의 기적 같은 변신을 이끌어냈는지 알아보기 위해 셰이크 모하메드의 행적을 살펴보자.

"나는 미쳤다"

　"나도 미친(crazy) 사람 취급을 받았다."

　셰이크 모하메드는 2007년 4월 10일 이렇게 말했다. 이명박 전 서울시장과 만난 자리에서다. 이 전 시장이 청계천 복원사업을 추진하면서 "처음엔 많은 사람들이 나를 보고 어리석다(stupid)고 했다"라고 말한 것에 대한 재치 있는 답변이었다. 한국의 청계천 사업 얘기는 이 전 시장이 먼저 꺼낸 것이 아니었다. 셰이크 모하메드가 "청계천 복원은 매우 아름답고 대단한 일이었다. 서울에 고가도로를 없애고 청계천을 복원했는데 어떻게 그 일을 하셨느냐"고 물었다. 이 전 시장은 이에 "하루 평균 자동차 20만 대가 다니는 길이 끊어지는 것이라 정치적으로도 반대가 많았다"며 청계천 복원과정의 어려움을 설명했다. 대화는 자연스럽게 셰이크 모하메드의 성공신화로 옮겨 갔다. 이 전 시장은 "셰이크 모하메드께서 여기를 개발하고 미래를 보는 안목에 비하면 청계천 복원은 아무 것도 아니다"라면서 "두바이를 이렇게 바꾸신 상상력과 추진력의 원동력은 무엇인가"라고 되물었다.

셰이크 모하메드는 간단하게 답했다.

"어려운 생활환경이고 서방에 비해 뒤쳐져 있었지만 우리는 비전을 품고 있었다. 남들이 의심해도 멈추지 않고, 경험과 비전을 갖고 앞으로 나아갔다. (중략) 중동에서 더 나은 국가를 만들고 싶었다."

뒤처졌다고 생각했기 때문에 국가 발전을 위해 열심히 노력했다는 내용이다. 두바이가 일궈낸 성공신화의 특별한 비결에 대한 언급은 없었다. 그러나 이 짧은 대답에 두바이가 추진하고 있는 개혁의 방향과 주요 내용이 담겨있다. 현실에 만족하지 않고, 장기적인 미래 비전을 세우고, 그리고 열심히 노력했을 뿐이라는 것이다. 두바이의 발전은 사실 요술 램프에 의해 이루어진 것이 아니다. 상식적인 것을 제대로 추진해서 성취된 것으로 볼 수 있다.

셰이크 모하메드의 개인 재산은 140억 달러에 달한다. 평생을 써도 남을 정도이다. 두바이도 UAE 내 7개 토후국 처럼 절대왕정 국가이다. 국가권력에 대한 도전은 아직 받아들여지지 않고 있다. 다른 아랍국가처럼 왕족이 국가개발에 크게 노력하지 않아도 안정적으로 정권을 유지할 수 있다. 그럼에도 불구하고 셰이크 모하메드는 국가발전을 위해 밤잠을 설쳐가며 고민하고 노력해왔다. 국가와 국민의 미래를 위해서 거대한 사업을 벌이고 투자를 유치해왔고 그 결과 중동과 제

3세계가 본받아야 할 지도자로 부상했다. 이것이 전 세계로부터 두바이의 리더십이 벤치마킹의 대상이 되는 이유다.

두바이의 변신

'작은 메뚜기'라는 의미의 두바이. 단어의 뜻처럼 두바이는 매일 높이 뛰고 있다. 수십 개의 프로젝트가 동시에 추진되는 두바이에는 경쟁을 하듯 새로운 건물들이 하늘로 향하고 있다. 셰이크 자이드 로드라는 지역에는 이미 뉴욕의 맨해튼과 같은 지역이 형성되고 있다. 개발 붐이 식을 줄 모르면서 나킬, 두바이 홀딩, 이마르 등 두바이 굴지의 부동산 개발회사들의 홍보관에는 입주와 투자를 원하는 사람들이 북적인다. 상상의 나라 같은 일부 프로젝트가 현실화하면서 분양을 상담하는 사람이 더욱 늘고 있다.

두바이가 앞으로 변해나갈 모습을 놓고 사람들은 더 흥분하고 있는 분위기다. 세계 최대의 쇼핑몰이 될 '에미리트 몰', 사막의 호반도시 '러군', 세계 최초의 수중 호텔 '하이드로폴리스', 세계 최대의 오락단지 '두바이랜드' 등이 현재 추진 중이다. 모두 다른 나라에서는 시도해보지 못한 독창적인 사업들이다. "두바이의 변신은 예상할 수 없다"라고 범아랍 일간 「알-샤르크 알-아우사트」가 지적했을 정도다. 무모한 개발계획이라고 비난하던 중동권의 언론도 이제 두바이의 성과를 서서히 인정하고 있다. 세계 최대의 인공섬인 야자수 모양의 '더

17

세계에서 가장 높은 빌딩이 될 부르즈 두바이

팜' 세 곳과 세계 지도 모양의 '더 월드'가 실제 모습을 드러
내면서 '불가능'이라고 부르짖던 건축 전문가들도 놀라는 표
정이다. 여기가 끝이 아니다. 바닷물을 주제로 '워터프런트'
신도시 계획, '페스티벌 시티' 등 새 프로젝트들도 선보이고
있다. 두바이는 또 삼성건설이 짓고 있는 세계 최고층 부르즈
두바이가 완공되면 워터프런트에 200여 층에 달하는 '알-부
르즈 타워' 프로젝트를 발표할 예정이다. 이는 세계의 관심을
지속적으로 끌어들이겠다는 것이다. 아마도 두바이의 건설붐
은 최소 20여 년 동안 지속될 것으로 예상된다.

　이렇게 엄청난 규모의 사업을 하는 것은 돈이 넘쳐나서 낭비하는 것이 아니다. 그것은 일종의 마케팅 전략이다. 이렇다할 관광자원이 없기 때문에 해외 투자와 국가개조를 위해 필요한 자본을 유치하기 위해서 선택할 수밖에 없는 방안이기도 하다. 더불어 장기적인 전략이기도 하다. 이 때문에 두바이의 이름에 익숙해진 사람들이 이제 최고, 최초, 그리고 최대의 건축물들을 보기 위해 두바이로 밀려들고 있다. 예를 들어 세계 최고급 7성 호텔 부르즈 알-아랍은 세계의 어느 미디어에도 광고를 내지 않는다. 더 이상 홍보를 할 필요가 없기 때문이다. 이처럼 두바이가 최초, 최고, 최대 등의 수식어가 붙는 명품국가로 거듭나고 있는 것은 무한경쟁 시대에 살아남으려는 단순한 이유 때문이라는 점을 유의할 필요가 있다.

사막의 도전정신을 보고 자란 지도자

셰이크 모하메드는 2006년 1월 4일 두바이 통치자 자리에 올랐다. 동시에 UAE 연방정부 부통령과 총리 지위를 겸하고 있다. 사실 얼마 되지 않았다. 그런데 왜 그는 세계적인 유명 인사가 되어 있을까? 타임, 뉴스위크 등 서방의 언론과 알-자지라 방송 등 중동의 위성방송은 그와의 인터뷰를 특종으로 생각한다. 아직 한국 언론이 현지에서 단 한 번도 인터뷰에 성공하지 못했을 정도로 바쁜 지도자다. 현재 진행되고 있는 두바이 프로젝트들이 워낙 많아 시간을 내기 어려울 정도다.

상상을 초월한 사업을 벌이고 있는 셰이크 모하메드는 이미 수십 년 전부터 중동 언론에 등장했다. 1960년대 말부터 아버지 셰이크 라시드와 함께 국가개발에 참여하면서다. 가부장적 대가족 제도 하에서 후계자나 왕족이 일찍이 국정에 참여하는 것은 두바이 통치 가문의 전통이다. 두바이 최고 통치자 지위에 오른 것은 2년도 되지 않았지만 그의 리더십은 베테랑급이라는 얘기다. 1990년부터 15년간 형 셰이크 마크툼이 통치자였지만 실질적으로 두바이를 꾸려나간 지도자는 당시 왕세제였던 셰이크 모하메드였다. 형이 병환으로 상당 기간 유럽에 머물러 있곤 했기 때문이다. 셰이크 모하메드는 아버지 셰이크 라시드의 생존시부터 두바이의 변혁에 주도적으로 참여해 왔다. 이런 과정 속에서 그는 할아버지와 아버지의 비전을 제대로 배울 수 있는 기회를 얻었다. 그리고 이를 물려받고 더욱 창의적으로 발전시켜 나가고 있다. 더 먼 미래를 내다보고 원대한 비전을 제시하고 이를 추진하기 위해 불철주야 노력 중이다.

잠시도 쉬지 않는 아이

셰이크 모하메드는 1949년 당시 셰이크 라시드 왕세자의 네 아들 중 셋째로 태어났다. 셰이크 마크툼(1990.11.~2006.1. 두바이 통치), 셰이크 함단(두바이 시장, UAE 재정 및 산업부 장관)을 형으로 두었고, 동생은 셰이크 아흐마드(현 두바이 경찰부총장)다. 4명의 형제는 포구(크릭) 입구 서안에 위치한 신다가에서 태어나고 자랐다. 이곳은 마크툼 가문의 종가집이 있는 곳이다. 친구처럼 자란 4형제의 우애는 훗날에도 계속 이어진다. 이들은 가문의 전통적 리더십을 대가족하에 살면서 몸에 익혔다. 할아버지 셰이크 사이드 그리고 아버지와 함께 사막으로 캠프 생활을 하면서 유목민의 기개를 배웠다. 4명의 형제 중 셰이크 모하메드가 가장 활동적이었다고 역사가들은 전한다. 걸음마도 빨랐을 뿐만 아니라 일어서서 몇 발짝 걸으면서도 공을 찰 정도였다. "잠시도 쉬지 않고 모험을 즐기는 아이"라고 가족 내에서 그리고 친구들 사이에서 별명이 붙었다. 어린 나이에 셰이크 모하메드는 형제들과 매 사냥 및 승마를 익혔다.

할아버지 셰이크 사이드와 아버지 셰이크 라시드는 모하메드를 항상 옆에 두었다. 집안 어른의 무릎은 모하메드의 차지였다. 그는 할아버지와 아버지의 자상한 보살핌 속에서 가문의 가르침을 차근차근 받아들였다. 셰이크 모하메드가 외모와는 달리 상당히 부드러운 말투와 사고를 가진 것도 이 때문이다. 집안 어른들이 모이는 마즐리스(원로회의)에도 모하메드는 빠지지 않았다. 할아버지 옆에 앉아 어렸을 적부터 국가와 부족의 대소사를 상세히 들어 상황을 이해하기 시작했다. 본격적인 교육은 4살 때 시작됐다. 아랍어와 이슬람 종교 교리에 대해 개인교습을 받았고, 1955년 6살의 나이에 그는 다이라 지역의 알-아흐마디야 초등학교에 입학해 아랍어 문법, 영어, 수학, 지리, 역사 등을 배웠다. 알-아흐마디야 초등학교는 진주 사업으로 거부가 된 상인이 세운 사립학교로 당시로서는 두바이 최고의 교육기관이었다. 우수한 성적을 받았던 모하메드는 10살 때 알-샤으브 학교로 옮긴 후 2년 뒤엔 두바이 중

학교에 입학했다.

1958년 할아버지가 죽고 아버지 셰이크 라시드가 왕위에 오르면서 모하메드는 후계자 교육을 받기 시작했다. 따분한 이론보다는 국가운영에 실질적으로 필요한 것들을 배웠다. 모하메드는 이 같은 실전 교육에 재미를 느끼고 열심이었다. 총명한 모하메드에 만족한 아버지는 보다 넓은 경영지식을 쌓도록 다양한 분야의 인재들을 가까이 지내도록 했다. 셰이크 모하메드는 다방면으로 친구의 폭을 크게 넓히며 새로운 세계를 간접적으로나마 경험해 나갔다.

영국으로 간 왕자

아버지 셰이크 라시드는 여기에 만족하지 않았다. 1966년 중등교육을 막 마친 모하메드를 영국으로 떠나 보낸다. 외향적인 모하메드의 성격을 제대로 파악한 결정이었다. 이는 향후 두바이의 외교 분야를 맡기려는 아버지의 배려였다. 모하메드는 유럽에서 잘 알려진 케임브리지의 언어연수 기관인 벨 Bell 스쿨에서 영어를 배웠다. 잘 어울리는 그의 성격은 짧은 시간에 전 세계 여러 나라에서 온 젊은이들을 그의 주변에 모여들게 했다. 케임브리지에서 그는 시, 조정 등 문학과 스포츠를 좋아하는 학생으로 유명했다. 특히 어렸을 적 배운 승마 기술을 이용해 1967년 5월에는 승마대회에 출전하기도 했다. 또 사냥과 사격을 좋아하여 영국의 상류층 자제들과도 돈독한 우애를 쌓았다.

　외교 업무를 위한 영어 연수를 끝내고 귀국했던 셰이크 모하메드를 아버지 라시드는 다시 영국으로 보낸다. 1968년 2월 연방국가인 UAE 설립에 합의되면서다. 연방국가의 국방을 담당토록 런던에서 남쪽으로 60여 킬로미터 떨어진 앨더쇼트에 위치한 '몬스 사관학교'에 입학했다. 적성에 맞는 분야여서 셰이크 모하메드는 6개월간의 집중코스를 우수한 성적으로 졸업했다. 영연방 외국 장교에게 주어지는 훈장도 받았다. 귀국 직후인 1968년 11월 셰이크 라시드는 모하메드를 두바이 경찰청장으로 임명한다. 그의 첫 번째 공직이었다.

　3년 뒤인 1971년 12월 출범한 UAE 연방 정부는 모하메드를 국방장관으로 임명한다. 당시 그의 나이 22세. 세계 최연소 국방장관이라는 그의 기록은 아직도 깨지지 않고 있다. 이때 두바이 국내외의 우려도 있었다. 20대 초반의 나이에 국방을 담당한다는 것은 무리라는 지적이 쏟아졌다. 그러나 그는 아버지 라시드를 실망시키지 않았다. 1973년 아랍-이스라엘 전쟁, 인근 토후국 알-샤르자의 쿠데타 기도, 두바이 국제공항 비행기 납치사건, 1976년 레바논 파병 등 급박하게 돌아가는 정세 속에서 그는 외교업무를 성공적으로 수행했다. 이후 1980년대 7년간의 이란-이라크 전쟁, 1987년 팔레스타인 인티파다(민중봉기) 등의 어수선한 분위기 속에서도 그는 능란한 외교를 펼쳤다. 어려운 상황이었지만 두바이와 UAE 내 입지를 더욱 확고히 하였다. 이 과정에서 자신의 국제 감각도 더욱

섬세하게 키웠다.

1990년 10월 7일 모하메드를 지극히 사랑한 아버지 셰이크 라시드가 사망했다. 형 셰이크 마크툼이 즉위하면서 모하메드가 큰 타격을 입을 수도 있다는 분석이 아랍 언론에 나왔다. 그러나 언론의 예상은 완전히 빗나갔다. 오히려 모하메드는 더욱 바빠졌다. 자신의 능력을 인정하는 통치자인 형과 함께 해야 할 일이 더 많아졌다. 형제는 아버지의 사업을 힘을 합쳐 꾸려나가기로 합의했다. 이 점은 두바이 리더십의 가장 큰 장점 중의 하나다. 셰이크 모하메드가 10번째 통치자이지만 국가 창건자부터 현재까지 단 한번의 권력다툼도 없었다. 170여 년 두바이 왕족 역사 동안 평화로운 권력이양은 하나의 전통이 됐다. 3대, 4대가 함께 사는 대가족 제도가 형제간의 우애를 어렸을 적부터 다져놓은 것이다. 이들 형제와 가까웠던 한 친구는 "셰이크 마크툼, 셰이크 함단, 셰이크 모하메드, 그리고 셰이크 아흐마드는 매일 연락을 하는 사이였다. 그들은 중요한 일에 대해 항상 논의하고 문제가 생기면 대화를 통해 해결했다. 정보가 서로 교환되면서, 합의에 의해 결정이 내려졌다"고 회상한다.

권력다툼을 하거나 정치적 갈들을 보일 시간적 여유도 없었다. 국방장관으로서 셰이크 모하메드가 해야 할 일이 너무 많았기 때문이다. 같은 해 8월 이라크가 쿠웨이트를 점령했다. 셰이크 모하메드는 군 의료진과 더불어 250톤에 달하는 지원 물자를 쿠웨이트에 보냈다. 이듬해 쿠웨이트 해방전쟁에는 다국적군의 일환으로 병력을 파병했다. 중동지역 내 평화를 위해 UAE도 적극적으로 개입해야 한다는 것의 그의 입장이었다. 1990년대 초 보스니아와 소말리아 사태에서도 셰이크 모하메드는 동유럽 무슬림들에게 재정 지원을 아끼지 않았다.

그러나 국방장관보다 셰이크 모하메드가 더 잘할 수 있는 부분을 형 마크툼은 빨리 파악하게 됐다. 국가 경영이었다. 마크툼은 두바이의 미래를 위해 그의 전공을 살려주는 중대한 결정을 내린다. 그는 바로 밑의 동생 셰이크 함단 대신 셰이크 모하메드를 왕세제로 지명한 것이다. 셰이크 함단도 동생의 왕세제 지명을 축하했다. 선조로부터 내려온 두바이 리더십의 두터운 형제애와 '권력보다는 국가가 우선'이라는 정신이 빛나는 순간이었다.

사실 아버지 셰이크 라시드조차 생전에 국가사업 대부분을 모하메드에게 맡겼다. 모하메드는 석유 생산 및 수익 관리자로 일을 했고, 1977년 시작된 두바이 국제공항 프로젝트 등 주요 사업의 책임자로 발탁됐다. 이때 모하메드는 두바이의 '오픈 스카이' 정책을 시작했다. 두바이를 항공의 허브로 성장시키기 위한 계획이었다. 1981년 셰이크 라시드의 병세가 악화되면서부터는 모하메드의 역할이 더 커졌다. 오픈 스카이 정책을 바탕으로 모하메드는 1985년 10월 새로운 항공사인 에미리트 항공을 출범시켰다. 같은 해 그는 또 제벨 알리 자유무역지대 건설의 책임자 역할을 수행했다. 두바이의 대규모 프로젝트의 대부분이 이미 셰이크 모하메드의 지휘하에 놓여있었다.

두바이 21세기 비전

왕세제로 지명된 셰이크 모하메드는 날개를 단 고속열차처럼 질주하기 시작했다. 21세기를 향한 두바이의 국가 비전을 내놓았다. 골자는 '100% 탈脫석유 경제구조를 만들자'였다. "실패를 제외한 모든 것이 가능한 곳이 두바이"라는 슬로건을 내걸고 외국 기업을 대거 유치하기 위해 셰이크 모하메드는 직접 나섰다. 해외를 돌면서 두바이의 투자환경을 설명했고, 두바이에 투자하는 외국 기업의 CEO를 직접 만나 격려하기도 했다. 더불어 각종 비관세 장벽과 규제를 철폐하고 자유무역지대를 지정해 '투자 천국 두바이'를 만들어 나갔다.

1985년 최초의 자유무역지대인 '제벨 알리 자유무역지대(Jebel Ali Free Zone, JAFZ)'가 설치되었다. 제벨 알리 자유무역지대는 외국기업 유치를 위한 인프라를 정비하고 등록절차를 원스톱으로 서비스하는 체제를 구축하였다. 구체적으로 외자 100% 기업의 인가, 법인세의 50년간 면제, 개인 소득세의 면제, 수출입 관세의 면제, 자본 및 이익의 자유로운 국외송금, 외국인 노동자 공동 활용의 자유화 등의 인센티브를 부여함으로써 외국인 기업을 유치하였다. 그 결과 2005년 말 제벨 알리 자유무역지대에 진출한 외국인 기업수는 5000개에 이르렀으며 중계무역의 국제적 거점으로 대성공을 거두었다.

제벨 알리 자유무역지대가 성공함에 따라 셰이크 모하메드는 1996년 두바이 국제공항 근교에 '두바이 공항 자유무역지대'를 설립하였다. 이로써 두바이는 항만분야뿐만 아니라 항공분야에서도 걸프 지역의 물류거점으로서의 입지를 확보하게 되었다.

또한 셰이크 모하메드는 두바이 경제를 다각화하기 위해 IT 및 미디어 산업을 발전시켰다. 1999년 '두바이 인터넷 시티'와 2001년 '두바이 미디어 시티'를 각각 설립하였다. 현재 IT 기술자들의 대부분은 외국인이 차지하고 있지만 향후에는 자국 인력들이 이곳에서 배출될 것이다. 나아가 중동지역에서 금융부문의 거점으로 발돋움하기 위해 2002년 2월 시내 중심가에 '두바이 국제금융센터(DIFC)'를 설립했다. 고 셰이크 라시드 국왕의 간절한 희망을 달성한 것이다. 현재 DIFC 단지는 라시드 국왕이 죽기 전 지정해준 장소에 건설됐다고 한다. 또한 같은 해 4월에는 상품거래의 거점으로 '두바이 금속상품 센터'를 설립했다.

셰이크 모하메드는 무역부문의 다각화에 이어 외국인의 부동산 투자를 확대하는 조치를 취했다. 두바이 내 건물의 층(높이) 제한도 거의 없애 부동산 개발의 천국으로 두바이를 변모시킨 것이다. 국영 부동산 개발업체 '나킬Nakheel'을 통해 외국인에게 99년간의 조차권을 허용했다. 일부 지역에서는 영구소유도 가능케 했으며 금융규제도 거의 없었다.

아버지의 뜻에 따라 셰이크 모하메드는 세계의 허브가 되기 위한 정책을 내놓기 시작했다. 두바이라는 상품을 세계에 내놓고 세일에 본격적으로 나섰다. 1996년 첫 번째 두바이 쇼핑 페스티벌을 개최한 것이 한 예다. 수백 킬로그램을 금을 상품을 내놓는 등 쇼핑 페스티벌에 사람을 끌어들이기 위한 다양한 이벤트도 준비했다. 외국 관광객을 끌어들이기 위해 두바이는 꾸준히 스포츠 행사도 개최해 왔다. 400만 달러라는 사상 최고의 상금을 내건 두바이 월드컵 경마대회, PGA 두바이 데저트 클래식, ATP 테니스 오픈 등 전 세계인의 관심을 끌 수 있는 국제 스포츠 대회도 개최해왔다. 텔레비전을 통해 전 세계로 중계되는 스포츠 이벤트를 통해 전 세계인이 두바이를 동경하게 만들자는 것이다. 스포츠 행사와 더불어 우리에게 전해진 두바이의 이미지는 쉽게 사라지지 않고 있다. 이제 고급 호텔 하면 우리는 부르즈 알~아랍을 떠올린다. 몇 년 후엔 세계 최고층 빌딩 하면 부르즈 두바이를 자연스레 말할 것이다.

셰이크 모하메드는 허브 국가의 필수조건인 인프라 구축에도 큰 관심을 보여 왔다. 현재 17개인 자유무역지대는 수년 내에 30여개로 늘어날 전망이다. 한낮에는 섭씨 50도를 웃도는 모래 사막 위에 물류, 무역, 정보기술(IT), 의료, 미디어, 레저, 관광 등 세계 최고의 종합 허브를 만드는 대형 프로젝트가 끊이지 않고 있다.

두바이의 리더십은 20세기 초부터 형성돼 왔다. 셰이크 모하메드가 갑자기 엄청난 지도력을 가진 통치자로 나온 것이 아니다. 선조들의 덕이 컸다. 셰이크 모하메드의 증조할아버지인 셰이크 마크툼 빈 하시르 알 마크툼은 1903년 두바이 역사에서 전환점을 마련했다. 그는 당시 두바이 항구를 비관세 지역으로 천명해했다. 자유무역지대로 선포하고 모든 세금을 폐지했다. 두바이 현재 추진하고 있는 '개방'의 개념을 처음으로 도입한 것이다. 영국 정부의 한 문서는 모하메드의 증조할 아버지를 "진보적이고 계몽된" 사람으로 기술하고 있다. 두바이가 국제적인 항구로 변신하는 기초를 닦았다고 할 수 있다.

국내의 한계를 냉철하게 판단하고 개방을 선택해온 두바이 리더십의 전통은 대를 이어 내려져 왔다. 이 같은 위기의식이 없다면 누구나 현실에 안주할 가능성이 높다. 다른 중동 국가들이 그동안 범해 온 '오일 머니 쓰고 보자'는 정신을 찾아보기 어렵다. 현재 두바이의 하루 석유 생산량은 20만 배럴로, 우리나라가 하루에 소비하는 230만 배럴의 10분의 1도 안 된다. 앞에서 언급한 바와 같이 석유산업은 두바이 GDP의 3% 밖에 차지하지 않는다. 위기의식을 가질 수 있고 먼 미래를 내다 볼 수 있는 통찰력이 없다면 지금의 두바이를 상상할 수 없었을 것이다. 냉철한 위기의식을 바탕으로 셰이크 모하메드는 인간의 상상과 한계를 뛰어넘는 엄청난 개발을 진행하고 있는 것이다.

두바이의 역사, 특히 리더십의 역사를 거슬러 올라가면 놀랄만할 사실을 발견할 수 있다. 마크툼 통치 가문은 단 한번도 리더십 위기에 빠지지 않았다. 지도자 계승에 있어서 한 차례도 문제가 발생하지 않았다. 이는 철저한 가정교육의 결과라고 평가할 수 있다. 통치자들의 리더 양성의 지혜가 대를 이어

내려오고 있다고 평가할 수 있다. 끊이지 않는 정세불안에 시달리는 중동 국가와 국민들이 가장 부러워하는 부분이기도 하다. 현재 우리나라를 포함해 대부분 서양국가에서는 사라진 대가족 제도의 큰 장점이다. 과거에 얽매인 '전통'이라고 부정적으로 평가받아온 가부장적 대가족 제도가 두바이의 독특한 리더십에는 긍정적으로 작용하고 있다. 국가 리더십에 앞서 제대로 된 가정교육을 받은 두바이 지도자 셰이크 모하메드가 이끄는 두바이의 미래는 안정적이다. 여기에 위기의식, 상상력과 창의력, 그리고 강력한 추진력까지 갖추고 있으니 두바이의 미래는 더 넓게 열려있다고 할 수 있다.

셰이크 모하메드가 그리는 세상

  셰이크 모하메드가 가진 가장 중요한 장점 중 하나는 그의 풍부한 상상력이다. 마치 사막을 캔버스 삼아 그리는 그림과 같은 상상 속의 나라가 두바이에 새로 들어서고 있다. 꿈과 상상력의 나래를 활짝 펼친 셰이크 모하메드는 계속 붓을 들고 사막에 물감으로 뭔가를 그려나가고 있다.

  '상상과 환상의 나라'로 변모하는 오늘날 두바이에는 시를 사랑하는 지도자 셰이크 모하메드가 있다. 그의 시詩적 감성은 두바이가 펼치는 무한 상상력의 원동력이 되고 있다. 그는 시를 사랑하는 사람인 동시에 시인이다. 두바이 국왕을 소개하는 인터넷 사이트 http://www.sheikhmohammed.co.ae에는 시인으로 셰이크 모하메드를 묘사하는 창이 따로 있다.

그는 어렸을 적부터 두바이 지역의 전통시인 '나바티Nabati'를 접하면서 성장했다. 아랍어 방언으로 구전돼 온 나바티를 듣고, 읽고, 쓰면서 풍부한 감성을 키웠다. 셰이크 모하메드는 초등학교에 다니면서부터 직접 시를 쓴 것으로 알려지고 있다. '모래의 딸'이라고도 불리는 나바티는 그에게 최고의 프로젝트 고안가가 되는 바탕을 마련해 주었다. 사막의 삭막한 환경에서 마음마저 황량해지는 것을 막기 위해 시를 필수적인 소일거리로 만든 선조의 정신을 셰이크 모하메드는 적극적으로 받아들였다. 그리고 시에서 얻은 영감을 국가경영과 비전에 활용했다. 이러한 점은 다른 국가의 지도자들에게는 찾아보기 어려운 특징이다. 섬세한 감성에서 우러나오는 아이디어는 그의 추진력과 함께 두바이의 변혁을 실현한 원동력이었다.

시인 모하메드

셰이크 모하메드는 어릴 때부터 시와 함께 자랐다. 부족과 가문의 사막 캠핑에서 그는 자연스럽게 할아버지와 아버지의 시를 듣곤 했다. 사막을 접할 때 시를 곁들이는 어른들로부터 큰 영향을 받았다. 셰이크 모하메드는 시를 정말로 사랑한다. 정치와 국가 운영 문제로 복잡한 머리를 시로 식히곤 한다. 잠을 잘 때도 침대 옆 탁자에는 항상 여러 시집이 놓여있다. 또한 여행할 때마다 시집을 들고 다닌다.

시는 그에게 있어서 개인적인 취미 생활이자 소일거리다. 시인이라는 사실을 정치적으로 혹은 대국민 선전용으로 이용하는 일도 없다. 자신의 시를 신문에 게재했을 때도 그는 여러 가명들을 썼다. 아무도 이 가명들이 셰이크 모하메드를 가리키는 것임을 알 수 없었다. 신문에 게재를 원했던 것은 단순히 자신의 시가 어느 정도 수준인지를 알고 싶었던 것이었다. 왕족이라는 것이 알려지면 자신의 시를 신문이 자동으로 채택하는 것을 막기 위함이기도 했다. 또 사람들이 정말로 자신의 시를 좋아하는지를 알기 위해 신문에 난 것을 들고 여러 사람에게 물어보곤 했다. 반응은 좋았다. 신문에 난 시를 보고 파타트 알-아랍이라는 당시 유명한 여류 시인은 그에게 격려차원에서 답시를 적어 보냈다. '무명 시인' 셰이크 모하메드는 훗날 "아주 기뻤던 날"이라고 당시를 회상하기도 했다.

바쁜 시간을 쪼개가면서 셰이크 모하메드는 다양한 분야의 시를 써 왔다. 물론 최근에는 자신의 이름을 밝히고 있다. 특히 사막에 대해 셰이크 모하메드는 "자신의 가슴에 가장 와닿는 소재"라고 강조한다. "사막은 나에게 인내와 끈기를 가르쳤다"고 그는 누누이 말한다. 그러면서도 그는 사랑을 노래하는 시인이다. 낭만적인 사랑을 표현한 연애시 '사랑의 상징'은 두바이 시민들에게 익숙하다. 셰이크 모하메드는 사랑을 강렬하면서도 순수하게 표현한다. 정치 및 경영의 삶에서는 좀처럼 만끽하기 어려운 감수성이다. 지금도 시를 통해 문득문득 새로운 영감을 얻는다고 말하곤 한다. 이 같은 영감이 두바이의 독특한 외관과 발전 전략에 연결되는 것이다. 야자수 모양의 인공섬이라는 기발한 아이디어를 구상한 사람이 바로 셰이크 모하메드였다는 것은 잘 알려져 있다. 여기에 디즈니랜드보다 큰 환상적인 두바이랜드, 범선 모양을 한 부르즈 알-아랍 호텔, 세계 지도 모양의 인공섬, 거리 양편에 자리 잡은 다양한 모양과 색깔을 가진 정원 등. 도시 전체를 이런 예술적, 미적 공간으로 만드는 감각은 바로 시인의 그것이다.

셰이크 모하메드는 자신의 주변을 시로 그려낸다. 영국의 왕립사관학교를 졸업한 두 아들 라시드와 함단에게 보낸 시도 유명하다.

> 라시드와 함단, 내일의 밝은 꿈들아
> 나는 그 꿈들을 그려왔다. (중략)
> 요람에서부터 나는 그 꿈들을 보았고,
> 포수에 희생되지 않을 사자와 매로 키웠다. (이하 생략)
>   - '나는 그 꿈들을 그려왔다' 중에서

정치나 국제적인 사건을 시로 표현하기도 했다. 형인 셰이크 마크툼 두바이 전 통치자의 죽음을 기리는 시를 직접 쓰고 낭송해 국민을 울렸다. "내 심장에 가장 가까운 시의 주제들이 국민에게도 가장 가까운 것이다"라고 그는 강조해왔다. 특히 2000년 9월 30일 이스라엘의 총격으로 사망한 팔레스타인 소년 무함마드 알-두라를 애도하는 시를 쓰기도 했다. 이 시

는 팔레스타인을 다룬 다큐멘터리나 영화에까지 삽입돼 전 세계로 퍼졌다.

셰이크 모하메드는 시 예찬론자다. 시를 사랑하는 지도자로서 그는 국민들에게 이를 적극 권장하고 있다. 매년 국민과 함께 시 경연대회에 참여해 여러 문학 주제를 놓고 의견을 나눈다. 시를 사랑하는 주변국 지도자, 예컨대 UAE 대통령 셰이크 자이드, 사우디 왕자인 셰이크 칼리드 빈 파이살 등과 시 낭송 및 창작대회도 함께 한다. 셰이크 모하메드는 "시는 사람들의 감성을 자극하고 사람들 간에 소통할 수 있는 매개 역할을 한다"고 강조한다. 시로써 국민에게 다가가고 주변국 지도자들과도 화합의 장을 마련하는 지도자는 전 세계에 그리 많지 않을 것 같다.

창의적인 시적 능력을 가진 셰이크 모하메드는 사막 위에 마음껏 미래를 그리고 있다. 그의 무기는 무한한 상상력이다. 상상력은 그 범위에서 지식과 큰 차이가 난다. 최선을 다해 모아도 인간의 지식은 한계가 있다. 웬만한 인터넷 사이트에 담긴 것을 머리에 소화하기도 힘들다. 셰이크 모하메드는 여러 언론과의 인터뷰에서 "1 더하기 1은 2가 될 수도 있지만, 1 더하기 1을 11로 만들 수도 있는 것이 상상력이다"이라고 강조해 왔다. 다른 사람과 똑같은 생각에 갇혀 있다면 상상력을 발휘할 수도, 앞서 나갈 수도 없다는 것이다.

셰이크 모하메드가 강조하는 상상력을 미래와 연결된다. 2001년 '두바이 미디어 시티' 사업계획을 발표하는 연설에서 그는 미래지향적 사고의 중요성을 지적한다.

　"사람들은 보통 과거의 사례를 언급하면서 연설을 시작한다. 그러나 나는 주로 미래를 얘기한다. 발전을 원하는 사람은 먼 미래를 내다봐야 한다."

　아버지 셰이크 라시드가 착안한 두바이의 미래상은 관광과 서비스 산업의 중심지로 싱가포르와 미국의 마이애미가 융합된 도시였다. 아라비아와 이란, 이라크 등을 잇는 중개지로서의 전략도 세웠다. 셰이크 모하메드는 아버지의 꿈을 완성시켰다. 그러나 더 먼 미래를 바라보고 있다. 두바이를 '세계의 허브' 더 나아가 '세계 그 자체'로 바꾸겠다는 것이다.

　이를 위해 셰이크 모하메드는 미래에 대한 두려움을 떨쳐버리라고 강조한다. 2001년 세계경제포럼에서 그는 "최고가 되는 여정에는 피니시 라인finish line이 없다"고 말했다. 모험 정신이 없으면 미래를 개척할 수가 없다는 것이 그의 지론이다. 1999년 '두바이 인터넷 시티' 계획 발표연설에서 그는 "진취적 모험 정신이 없었다면 우리는 아무것도 이룰 수 없었을 것"이라며 "성공을 위한 전진은 어떤 단계에서 멈추는 것이 아니라 계속해서 미래를 향해 나아가는 것이다"라고 역설했다. 남을 따라 하거나 상상력과 감성으로 승부하지 않으면 밝은 미래를 기대할 수 없다는 것이다.

사막도 관광 중심지가 될 수 있다

"메카보다 더 확실한 '관광 메카'로 부상하는 두바이를 주목하라." 2006년 12월 30일 런던에서 발행되는 범아랍 일간 「알—하야트」는 연말 두바이 특집호에서 이렇게 지적했다. 매년 300만 정도의 순례객이 방문하는 사우디아라비아의 이슬람 성지 메카와 두바이를 비유한 것이다. 자국인 인구 30만인 두바이를 찾는 외국인은 이미 사우디아라비아 전체 관광객 수를 넘어섰다. 두바이는 2006년 말 약 800만 명의 관광객을 유치했다. 5000년 파라오 문명의 대규모 유적을 가진 이집트에 이어 중동에서 2위다. 10여년 전만해도 사막과 바다 외에는 아무것도 볼 것이 없다는 두바이가 중동의 '관광 메카'로 올라서고 있는 것이다.

이는 모두 두바이 지도자들의 부단한 노력의 결과다. 셰이크 모하메드는 수도 없이 관광산업의 중요성을 피력해 왔다. 두바이의 미래에 빼놓을 수 없는 기간산업으로 그는 국방장관 시절부터 관광을 꼽아왔다. 이 같은 그의 생각을 밝힐 때마다 주변국의 전문가와 언론은 그를 비웃었다. 그러나 이제 1000만 명 관광 시대를 맞이한 두바이에 대해 중동 최대 일간지인 「알—하야트」가 대단하다고 평가하고 있는 것이다.

셰이크 모하메드는 두바이의 한계를 명확히 파악하고 있었다. 인구도 적고 면적이 작은 국가에서 제조업이나 농업을 주력산업으로 육성하는 데는 한계가 있다고 판단했다. 미래에도 나름대로 국민을 먹여 살릴 수 있는 것이 외국인이 쓰고 가는 외화라고 그는 생각했다. 이를 위해 그는 두바이 관광 산업 육성을 위해 다년간 연구를 수행했다. 결론은 '보여줄 것이 없으면 만들어라'는 것이었다. "외국 관광객의 관심을 끌 수 있는 것을 개발하라"고 그는 1999년 '두바이 정부 우수 공무원 포상' 식장에서 지시했다.

1996년부터 시작한 두바이 쇼핑 페스티벌(DSF)은 두바이의 본격적인 관광 개발 프로젝트의 첫 시작이라고 할 수 있다. 우선 쉬운 것부터 외국인을 끌어들이자는 목표를 세운 것이다. 두바이가 이미 취해오고 있던 무관세(실제로는 약 5%) 정책을 이용해 세계의 각종 상품을 모아 쇼핑 관광객을 유치하려는 전략이었다. 결과는 성공적이었다. 교통이 편하고 언어가 통하는 두바이로 아랍 쇼핑객이 대거 몰려들었다. 터키를 대신하는 아랍의 대표적인 쇼핑 지역이 생겼기 때문이다. 중동 최대의 쇼핑센터로 불리던 터키는 심각한 인플레로 물가가 불안정했고, 아랍어도 통하지 않는 곳이었다.

두바이 정부의 적극적인 홍보 전략도 중요한 역할을 했다. 쇼핑 관광객을 끌어들이기 위한 다양한 행사도 펼쳐졌다. 불꽃놀이를 비롯해 6000명을 수용할 수 있는 원형경기장의 퍼포먼스 등 밤의 오락이 진행되었다. 어린이들의 오락, 복권 추첨, 주 단위로 뽑는 자동차 경품 추첨 등이 다양한 이벤트에 방문객은 흥분했다. 롤스로이스에서 순금에 이르는 경품들과 엄청난 금액의 복권을 기대하면서 관광객들은 밤늦게까지 행사장을 떠나지 않았다. 2006년 말까지 약 10년 동안 상품으로 나간 물량만 1000여 대의 차량과 400여 킬로그램의 금이라고 한다. 최근에는 6월부터 8월 사이 이와 비슷한 '두바이 여름 깜짝 세일 축제(Dubai Summer Surprises)'를 매년 개최하고 있다.

그러나 셰이크 모하메드는 만족하지 않았다. 아랍인의 쇼핑 관광을 훨씬 뛰어넘는 장기 프로젝트에 돌입했다. 전 세계의 관광객을 유혹하기 위해서였다. 두바이 인근의 바다를 세계 최대 해변 휴양지로 탈바꿈시키는 작업이었다. 달에서도 보이는 대규모 인공섬을 건설하는 것이었다.

셰이크 모하메드의 원대한 꿈은 시작되었지만 사실 처음부터 정부 관료들이 그의 생각을 헤아린 것은 아니었다. 인공섬 사업 구상을 하던 1997년 어느 날 셰이크 모하메드는 두바이의 한 고위 관료에게 인공섬 디자인 작성을 지시했다. 이 관리는 얼마 후 둥근 모양의 인공섬 계획을 가지고 돌아왔다. 둘레가 7킬로미터 정도의 '작지 않은' 인공섬 개발안이었다. 그러나 셰이크 모하메드는 "나는 7킬로미터가 아니라 최소 70킬로미터의 해변을 가진 인공섬을 원한다"며 계획 수정을 지시했다. 인공섬 '팜 아일랜드' 프로젝트의 시작은 이처럼 순탄치 않았다. 그러나 이제 해변 길이를 늘리기 위해 대추야자 잎 모양과 세계 지도 모양을 적용한 인공섬 4개가 모습을 드러내고 있다. 두바이는 이미 기존의 70킬로미터 해변을 약 1500킬로미터로 늘려 놓았다. 작은 나라이지만 해안선 길이만큼은 이제 어떤 다른 나라에도 크게 뒤지지 않는다.

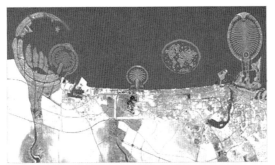
상상력이 빚어낸 두바이의 인공해변

상상력을 기반으로 차근차근 진행되고 있는 두바이의 관광 산업 육성 전략은 이제 두바이를 '꼭 가봐야 할 곳'으로 각인 시키고 있다. 현재 진행되고 있는 프로젝트들을 구경하기 위한 관광객만으로도 호텔이 부족할 정도다. 이 때문에 두바이의 4 성 호텔의 하루 방값도 300달러를 훌쩍 뛰어넘는다. 10년 전 만 해도 두바이에는 특별히 갈 일이 없었다. 천지개벽과도 같 은 변신이다. 자연적, 역사적 볼거리가 없는 두바이는 이를 극 복하기 위해 인공적인 관광자원을 만들어내고 있다. 그것도 세 계의 관심을 끄는 수준과 규모로 창조하고 있다. 셰이크 모하 메드는 "평범한 것으론 세계적 관광지로 떠오를 수 없다"고 역설해 왔다. 사막에 40억 달러를 쏟아 부은 골프장은 야간 골 프로 항상 불야성이다. "두바이에서는 모든 것을 즐길 수 있 다"라는 표어가 관광성 책자 여러 곳에 선명하게 새겨져 있다.

두바이가 관광산업을 위해 무모한 사업을 벌이고 있다는 지적도 있다. 그러나 셰이크 모하메드의 생각은 다르다. 미래를 위한 전략이라는 주장이다. 셰이크 모하메드는 "이집트의 피라미드가 그랬듯이 현재 두바이가 공사 중인 대규모 인공조형물들도 시간이 지나면 후대를 위한 유적이 된다"고 말한다. 당장의 이익만을 위한 것이 아니라 후대를 위한 배려라는 것이다. 피라미드의 4600년 나이에 맞먹는 5000년의 먼 미래를 내다볼 수 있는 안목과 사고가 부러울 뿐이다.

민족보다는 국민이 더 중요

셰이크 모하메드는 두바이의 신기루 같은 변신과 개혁의 기관차 역할을 하고 있다. 그러나 그의 단독 작품이라고 말할 수만은 없다. 두바이가 추진하고 있는 수많은 프로젝트에는 이를 위해 머리를 짜내고 현장에서 뛰는 사람들이 있다. 셰이크 모하메드는 타인의 두뇌와 지식을 효과적으로 이용할 줄 아는 지도자로도 유명하다.

지속적으로 새로운 아이디어를 모으고 동시다발적인 사업을 추진하기 위해서 조력자가 필요하다. 또 국가 책임자는 적절한 판단과 결정을 내릴 수 있도록 주변에 많은 사람을 두어야 한다. 판단착오와 실수가 나라를 망치는 경우는 인류역사에 적지 않았다. 또 잘못된 결정으로 실패한 사업의 결과는 세금을 내는 국민에게 돌아오기 때문이다. 강한 사람일수록 주변의 말에 귀를 기울일 줄 아는 지혜를 가져야 함을 셰이크 모하메드는 잘 알고 있었다.

이를 위해 셰이크 모하메드는 자신을 도울 전문가 혹은 자문 집단을 항상 옆에 두고 있다. 국민과 국가를 위한 사업을 추진해나가는데 있어서 외부의 도움을 받는 것을 절대로 치욕적인 것이 아니라고 그는 여러 차례 언급한 바 있다. 열린 마음으로 많은 사람들의 의견을 듣는 것은 결코 시간낭비가 아니라고 그는 강조한다. "찬성하고 칭찬만 하는 사람보다는 반대하고 조언해 주는 사람이 국가경영에는 더 필요한 인재"라고 그는 역설한다.

셰이크 모하메드는 의도적으로 자신의 주변에 전문가 집단을 형성해 왔다. 정확한 수는 파악되고 있지 않지만 약 2000여 명의 전문가가 그를 여러 방면으로 돕고 있는 것으로 알려지고 있다. 세계 최고의 인재들이다. 옥스퍼드 출신이 가장 많다는 소문도 있다. '두바이 아이디어 오아시스' 등으로 불리는 이들은 드러나지 않게 셰이크 모하메드와 일하고 있다. 두바이뿐만 아니라 전 세계에 흩어져 있는 이들은 수시로 셰이크 모하메드와 연락을 취하고 중요한 일이 있으면 직접 달려오기도 한다.

전문가 자문 집단의 숫자보다도 더 중요한 것은 셰이크 모하메드가 이들을 종교와 국적을 불문하고 고용한다는 것이다. 세계 최고의 브레인들을 유치한다는 것만이 그의 목표이자 전략이다. 최근에는 아시아와 아프리카 출신의 인재들도 채용된 것으로 알려지고 있다. 두바이가 이들 지역으로도 사업을 급속히 확장하고 있기 때문이다. 이들은 셰이크 모하메드와 함께 사업구상을 한다. 세부계획을 세우고 추진하는 것도 전면에 나서서 혹은 뒤에서 감독한다. 현재까지 그 결과는 성공적이다. 열 사람보다는 백 사람이 의견을 모으면 실패할 확률이 더 줄어든다. 최고의 전문지식과 경험을 가진 인재들과 사업의 구상부터 추진까지 지속적인 검토를 하니 두바이에는 아직까지 크게 실패한 프로젝트가 없다.

셰이크 모하메드와 협력하는 싱크탱크의 실체에 대해서는 사실상 두바이 언론도 함구하고 있다. 대부분 자신들의 모습을 드러내지 않고 움직이는 두뇌들이기 때문이다. 또한 두바이의 발전 전략에 노출되는 것을 꺼리는 왕족의 의지 때문이기도 하다. 아랍 언론은 셰이크 모하메드가 국내외 인재를 등용하기 시작한 것을 약 30년 전부터라고 설명한다. 아버지 셰이크 라시드가 여러 프로젝트를 그에게 맡기기 시작한 1970년 말경이다. 당시 모하메드와 함께 중요한 회의를 하던 사람들이었기 때문에 아랍어로 의회장이라는 의미인 '마즐리스 Majlis'라는 이름이 붙여지기도 했다. 이 회의에 가끔 참석하기도 한 셰이크 모하메드의 한 친구는 마즐리스 분위기를 이렇게 전한다.

"참석자들이 자유롭게 의견을 제시할 수 있는 창의력이 넘치는 분위기였다. 셰이크 모하메드는 특별한 사안이 없을 경우 토론의 주제나 방향을 정하지 않았다. 사람들은 진솔하고 솔직한 의견을 제시했다. 셰이크는 오히려 더 기발한 아이디어를 내도록 사람들을 독려했다. 사람들은 수백 년 후의 공상영화 같은 황당한 얘기를 꺼내 놓기도 했다. 하지만 그 얘기들 중 일부가 현재 진행되는 사업이다.”

셰이크 모하메드가 초기에 전문가 집단을 구성하기 시작했을 단계의 상황이다. 현재는 그 규모가 방대해져서 이렇게 한자리에 모일 수 없다고 한다. 하지만 일부 핵심 측근은 셰이크 모하메드와 핫라인을 구축해 놓고 수시로 연락을 주고받는다. 엄청난 경비를 들여가며 많은 전문가를 고용하는 것 자체가 셰이크 모하메드가 가진 인적자원 우선주의 때문이다. “기술이나 돈이 아니라 사람이 번영을 가져온다”고 그는 여러 차례 강조한 바 있다. 이들이 바로 셰이크 모하메드가 말해온 “1 더하기 1을 11로 만드는 팀”인 것이다.

셰이크 모하메드의 싱크탱크 운영 방식은 다른 중동 국가와는 크게 다르다. 특히 서방에 대한 반감을 강조하는 이집트의 나세르 대통령 등 여러 민족주의 아랍 국가 지도자와는 정반대다. 이런 전통 때문에 대부분 중동 국가는 두바이처럼 대규모 외국인 싱크탱크를 운영하고 있지 않다. 두바이도 영국으로부터 식민통치를 받았다. 그러나 셰이크 모하메드는 이같은 역사적 경험을 무조건 배척하지는 않는다. 스스로가 영국에서 교육을 받았을 정도로 ‘배울 것은 배우자’라는 자세다. 현재도 두바이에서 영국인은 서양인 중 가장 많다. 영국 공관도 최대 규모다. 고액의 연봉을 받으며 두바이 정부와 기업 여러 분야에서 일하고 있다. 일부 민족주의자들은 셰이크 모하메드 등 두바이 리더십의 이 같은 정책을 비난하곤 한다. 중요한 국가사업을 식민통치를 한 외국인에게 맡길 수는 없다는 것이다. 우리나라에서도 공공기관 운영을 일본인에게 위탁한다면 난리가 날 것이다. 이에 대해 셰이크 모하메드는 "국민과 국가 발전을 위한 것인데 국적 타령은 말도 안 된다"고 반박한다.

"미래를 바꾸려고 시도하지 않으면 과거의 노예 상태로 머무르게 된다"는 것이 셰이크 모하메드의 지론이다. 반미, 반서방 감정에 사로잡혀 있는 상당수 아랍 지도자들과는 상당히 다른 시각이다. "미국과 친하다"는 일부 아랍 지식인들의 비판에 대해서도 셰이크 모하메드는 "세계 최강국과 정면으로 맞선 나라치고 잘사는 나라가 없다"고 반문한다. 일부 시민과 언론의 비난에도 불구하고 민족주의 등 이념보다는 국민과 국가가 우선한다라고 주장하는 그의 모습은 당당하기만 하다.

여성도 경제 전사다

셰이크 모하메드의 개방적인 사고가 다른 이슬람 중동 국가와 가장 차별화해 드러나는 부분은 여성의 역할에 대한 입장이다. 두바이 정부는 여성의 교육과 사회진출에 문호를 완전히 개방했다. 아직도 여자들이 머리부터 발끝까지 덮는 검은 아바야를 착용하고 남자와 함께하지 않으면 홀로 외출하기 어려운 사우디와는 크게 다르다.

개방적인 분위기 속에서 부가 넘치는 두바이에서는 스포츠카나 지프를 운전하는 여성들을 자주 볼 수 있다. 여성의 운전은 사우디를 제외한 모든 중동국가가 허용하는 것이지만 두바이 여성의 운전 모습은 사뭇 다르다. 여유와 멋을 즐기며 최고급 차량을 타고 질주하는 여성이 적지 않다.

여성에 대한 개방적인 분위기를 알리는 가장 상징적인 것은 대학교다. 특히 두바이와 아부다비 시내에 위치한 자이드 여자대학은 서구화한 교육을 확실히 말해 준다. 약 10년 전 설립된 이 대학에는 40개 국적 200여 명의 교수가 3000여 명의 학생들에게 전 수업을 영어로 가르치고 있다. 중동에서 가장 세계화한 여자 대학교다. 대부분 학생은 유창한 영어를 구사한다. 약 80%가 졸업 후 취업을 한다.

두바이 경제가 급성장하면서 여성 취업 역시 급성장하고 있다. 10년 전에 비해 10배 이상 증가했다는 통계가 2006년에 나왔다. 현재는 약 5만 명 정도가 취업 중이다. 자국민 여성의 약 30%가 정부와 민간회사에서 일하고 있다. 두바이의 이 같은 분위기를 반영하듯 UAE 정부는 중동 최초로 경제부 장관을 여성으로 임명했다. 왕족이기도 한 셰이카 루브나 알-카시미 장관은 수천억 달러에 달하는 오일 머니를 움직이는 중대한 책임을 가진 여성이다. 최근에는 자영업이나 회사 CEO로 일하는 여성도 급증하고 있다. 두바이 상공회의소에 등록된 업체의 약 30%정도가 여성이 회장이나 사장을 맡고 있다.

두바이가 속한 UAE 헌법은 "여성은 남성과 마찬가지로 똑같은 법적 지위, 재산 소유권, 교육의 기회 그리고 직업교육에 대한 동등한 권리를 누릴 수 있다"고 여성의 사회적 지위를 인정하고 있다. 이는 헌법이 만민에게 사회적 평등을 보장하고 있는 이슬람의 가르침을 따르기 때문이다. 이러한 헌법에 의거하여 두바이 여성들은 법적 지위 보장, 직위 획득, 교육 기회, 직업 선택 등에 있어서 남성과 동일한 권리를 누리고 있다. 예를 들어, 노동법은 동일노동에 대한 동일임금의 적용이라는 원칙하에 남성과 여성 간의 임금차별을 금지하고 있다. 정부 역시 모든 형태의 여성차별 금지협약을 비롯한 각종 여성 관련 국제협약에 가입했다.

두바이는 연합 정부의 헌법 조항을 가장 충실히 따르고 있는 토후국이다. 또 중동에서 최상의 교육기회와 취업기회를 제공하는 나라다. 셰이크 모하메드 정부가 여성에 대해 이처럼 열린 정책을 펴고 있는 데는 경제적인 이유도 있다. 여성의 경제활동이 절실히 필요하기 때문이다. 인구의 80%가 외국인이어서 부족한 자국인 노동력을 메우기 위해 남녀를 가리지 않고 사회 진출을 권장해야 한다. 이 때문에 셰이크 모하메드는 기회가 있을 때마다 여성의 사회진출 필요성을 피력해왔다. 2004년 세계경제포럼에서 그는 "여성의 뒷받침이 없으면 높은 경제성장률을 유지할 수 없다"며 강조했다. 인구의 절반을 차지하는 여성이 두바이가 추진하는 원대한 국가 건설에 동참해야 한다는 것이 그의 생각이다.

셰이크 모하메드의 이 같은 지론은 2006년 말 UAE 사상 첫 여성 국회의원의 선출을 가져왔다. 점차 정치 분야에서도 자유화를 추진하고 있는 UAE로서는 큰 진전이었다. 사상 최초로 시행한 의회선거에서 여성 의원이 당선될 것이라고는 아무도 예상하지 않았다. 그러나 이 같은 정치적 발전도 그냥 이뤄진 것이 아니다. 셰이크 모하메드의 결정적인 역할이 있었다. 그는 유세기간 중 여성 후보를 위한 지지 발언을 행했다. 또 선거 당일 오전 일찍 투표를 마친 뒤 "여성이 없는 사회는 영혼이 부족한 사회와 같다"며 "우리는 전문성과 리더십을 가진 여성들이 당선될 수 있도록 도와야 한다"는 대국민 메시지를 던졌다. 남성 중심의 가부장적 중동 사회에서 지도자가 이런 발언을 하는 것은 사실 쉽지 않다. 그러나 셰이크 모하메드는 여성의 사회진출을 유도하기 위해서는 정계에도 여성 리더가 있어야 한다고 판단했다. 셰이크 모하메드는 두바이 국가발전에 여성의 참여를 독려하면서 그동안 남성위주 사회에서 소외된 여성들에게도 꿈을 심어 주고 있는 것이다.

최고를 위한 도전

2006년 2월 『나의 비전: 최고를 위한 도전My Vision: Challenges in the Race for Excellence』이라는 아랍어 책이 출간됐다. 셰이크 모하메드가 쓴 이 책은 한 달도 되지 않아 베스트셀러에 올랐다. 보다 나은 삶과 국가 경제를 원하는 아랍 독자를 사로잡은 것이다. 이 책은 두바이 지도자 셰이크 모하메드의 자서전이다. 자신의 삶과 두바이의 국가개조 과정, 그리고 성공의 비결을 전하고 있다. 리더십, 국가 비전, 인력개발 등의 두바이 발전 모델을 타 국가 지도자와 지식인들에게 소개하는 책이다.

아랍 언론은 이 책에 대해 앞을 다투어 보도했다. 2006년 3월 20일자 아랍권 최대 일간「알-하야트」는 "중동에 적용 가능한 발전 모델을 최초로 소개한 아랍의 미래 전략서"라고 평가했다. 출판사 대표도 여러 언론과의 인터뷰에서 "정치적 그리고 경제적 어려움을 겪고 있는 아랍인에게 자부심과 더불어 미래의 꿈을 펼쳐 보여주는 책"이라고 설명했다.

셰이크 모하메드는 두바이가 '명품국가' 정책을 취하게 된 이유를 이 책에서 소개한다. 그 비결은 원대한 꿈을 가지고 지속적인 도전을 하는 것이라고 강조한다. "도전을 하지 않는 자는 미래를 기대할 수 없다. 큰 야망을 가지고 최선을 다해 노력하는 자만이 어려운 도전을 극복할 수 있다"라고 이 책에서 그는 역설하고 있다.

> "아프리카 초원에 사는 사슴은 매일 아침 눈을 뜨면 잡아먹히지 않기 위해 사자보다 빨라야 한다는 것을 머리에 되새긴다. 같은 공간에 사는 사자도 굶어 죽지 않기 위해 약한 사슴보다는 빨리 달릴 수 있어야 함을 매일 깨닫는다. 당신이 사슴이든 사자든 중요하지 않다. 그러나 다른 사람들보다는 빨라야 성공할 수 있다."

셰이크 모하메드는 자서전에서 이 '사슴과 사자' 이야기를 여러 차례 반복한다. 도전을 극복하고 미래 전략을 성공적으로 실천하기 위해서는 빨리 움직여야 함을 강조한 것이다. 발전과 미래 전략을 주로 언급한 그의 책에서 일관되게 유지되는 논리는 한 마디로 '실용주의'이다. 전통가치와 삶의 방식도 시대에 적응하기 위해서 필요하다면 버려야 한다는 것이다.

다른 이슬람 국가와는 달리 두바이는 외국인에 가장 개방적인 태도를 보이는 나라이다. 외국인이 전체 인구의 80%를 차지하는 만큼 영어를 공용화했다. 외국인 택시기사도 영어자격시험을 봐야 할 정도다. 급변하는 세계 속에서 글로벌리즘을 따라가려면 개방적 사고를 갖지 않고는 불가능하다. 아직도 부족주의와 이슬람의 보수 색채가 일부 남아있지만, 두바이는 중동에서 가장 빠르게 실용주의를 실현해 나가고 있는 나라다. 단적인 예로, 이슬람 국가임에도 두바이에서는 맨살을 과감하게 드러낸 외국 여성을 쉽게 볼 수 있다.

대외정책에서도 두바이는 실용주의를 철저히 적용하고 있다. 쿠웨이트 해방을 위한 1991년 걸프전 이후 두바이가 속한 UAE는 친미 정책을 취해오고 있다. 미국의 주도하는 세계 질서에 순응하기 위한 것이다. 특히 2001년 9.11테러와 2003년 이라크 전쟁 이후엔 대미對美 안보의존 정책을 강화하고 있다. 미국의 영향력이 미군 및 군사장비의 배치 문제 등 군사 분야를 중심으로 더욱 커지고 있다. 미국 기업들은 두바이를 중심으로 UAE에 적극적으로 진출하고 있다. 미국의 다우존스뉴스는 2007년

4월 "미국은 물론 전 세계 기업인들이 비즈니스를 위해 안전하고 개방적인 두바이로 몰려가고 있다"고 보도할 정도다.

경제적으로도 실용주의가 주를 이루고 있다. 개방정책과 철저한 자본주의를 추구하면서 셰이크 모하메드는 중동에서 가장 확실히 실용주의 노선을 걷고 있는 지도자로 평가받고 있다. 이슬람 정신이 현대사회에 충분히 조화될 수 있도록 이슬람 전통규범을 새로운 방식으로 재해석해 현대화를 이루려고 하는 것이다. 두바이는 전통의 독주를 반대하고 현대적 사고에 비추어 이슬람의 관습을 개정해야 한다는 입장이다. 이슬람 지역에서도 역동적인 변화는 가능할 뿐만 아니라 필요하다고 인식하고 있는 것이다.

실용주의 개념은 종교와 국가의 분리를 주장한다. 이슬람에 따르는 경제정책을 선택하는 것은 현실성에 부적합하고 시대착오적이라고 인식한다. 경제뿐만 아니라 정치 및 사회 분야에서 종교의 직접적 역할을 배제하고 이슬람의 정치화를 거부한다. 이처럼 실용주의가 확대되고 있는 두바이에서 이슬람은 더 이상 정치, 사회, 그리고 경제의 기둥이 아니다. 종교는 개별문제에 한정되고 있다.

경제번영은 중동 안정과 평화의 디딤돌

철저한 실용주의를 주창하고 있는 셰이크 모하메드는 그의 자서전에서 '경제번영은 곧 중동 안정과 평화'라는 논리를 강조한다. 발전과 번영만이 중동 내 여러 정치적 문제의 해결책이라고 주장한다. 2004년 12월 아랍전략포럼에서 그는 "아랍 동지들께 고합니다. 스스로 당신들이 변하지 않는다면 당신들은 변화를 당할 것입니다"라고 호소하기도 했다. 그의 이 같은 논조는 최근 중동에서 호응을 얻고 있다. 두바이의 영향을 받아 사우디아라비아도 크게 변신하고 있다. 가장 보수적인 사우디아라비아의 변화는 다른 중동 국가들에 큰 영향을 줄 전망이다. 이집트의 카이로 아메리칸대학의 왈리드 카지하 정치학과 교수는 "이슬람 종주국 사우디의 경제개방정책으로 다른 왕정 중동국은 이제 더욱 경쟁적으로 투자 및 민간 부분 활성화에 나설 것"이라고 강조했다. 교수는 또 "대규모 투자로 인한 경제 붐은 중동 정세에도 긍정적인 영향을 줄 것"이라고 내다봤다.

긍정적인 현상이 실제로 발생하고 있다. 2001년 9.11테러를 주도한 대부분 범인의 출신국이라는 오명을 가진 사우디아라비아는 지난 수년간 자국 내 테러로도 골치를 앓아 왔다. 테러가 극심했던 2003년과 2004년에는 매년 200여 명이 목숨을 잃었다. 하지만 석유 수출의 증가로 국민 복지를 확대하고 일자리가 늘어나면서 2005년에는 테러가 4분의 1 수준으로 줄었다.

다른 나라들도 마찬가지다. 2003년 이라크 전쟁을 전후로 이집트, 모로코 등 비산유국에도 반정부 혹은 대서방 테러가 잇따랐다. 하지만 점차 그 수가 눈에 띄게 줄고 있다. 중동 산유국들의 경제호황에 따른 여파라는 분석이 지배적이다. 넘쳐

나는 오일 달러가 역내 금융기관들을 통해 뭉쳐져 비산유 중동 국가들로 투자되고 있기 때문이다.

또 두바이를 모델로 하는 실용적인 정책들이 중동 각국에서 발표되고 있다. 일자리가 창출되고 경기가 활성되니 폭력이 자연스럽게 줄고 있다. 최근 이라크에서 종파 간 갈등을 포함해 폭력 사태가 끊이지 않는 근본적인 이유도 경제 문제에 있다. 실질 실업률이 50%를 넘는 상황에서 사회 불안과 이로 인한 폭력 사태가 발생하는 것은 어찌 보면 당연한 일일지도 모른다. 이라크 내 과격세력들은 경제적 빈곤에 시달리는 대부분의 민간인들을 자기들의 정치적 목적을 위해 교묘하게 이용하고 있는 것이다. 폭력은 또 다른 폭력을 부르고 이러한 것들이 종파간의 첨예한 대립으로 악순환하고 있는 것이 이라크의 현실이다. 물론 이러한 현상의 이면에는 극심한 경제적 빈곤과 미래에 대한 절망이 있다. 경제적 빈곤 문제는 팔레스타인을 포함한 중동 내 일부 국가에서 발생하는 테러 발생의 중요한 요소가 되고 있다. 결국 국가 운영에 대해 국민이 얼마나 만족하는가가 사회 안정의 가장 큰 요인이 된다.

세이크 모하메드에 대한 국민의 존경은 절대적이다. 자발적으로 그의 초상화를 내건다. 국가가 제대로 운영되고 경제가 잘나가고 이에 따라 국민의 소득과 복지가 만족스러우니 당연히 그럴 것이다. 두바이에서는 일반인들이 결혼할 때 정부로부터 10만 달러를 받는다. 때론 집도 받는다. 신랑과 신부는 이를 세이크 모하메드가 준 선물이라고 생각한다. 일부 언론이 무모하다고 지적하고는 있지만 지도자가 주도적으로 추진하고 있는 수천억 달러에 달하는 각종 프로젝트에 대해서도 국민은 압도적인 지지를 보내고 있다. 이 모두가 결국은 두바이와 국민의 미래를 위한 것이라고 믿고 있다.

성장가도를 달리고 있는 두바이 국민은 만족스런 삶을 살고 있다. 많은 두바이 현지인은 자신이 살고 있는 곳을 '인공낙원'이라고 부르고 있다. 자신이 노력만 한다면 몇 억의 연봉을 받으며 한 달 이상의 휴가를 즐길 수 있는 일자리가 많다. 장기적 비전을 가지고 미래를 준비하는 셰이크 모하메드 정부에 대해 국민은 안심하고 나라 경제를 맡긴다. 대부분 국민은 두바이가 앞으로도 상당기간 안정과 번영을 누릴 것이라고 믿는다. 지난 수십 년 동안 정치적 반정부 시위도 없었다. 정부에 대해 그리고 지도자에 대해 불만이 있더라도 개인적인 감정일 뿐이다. 전체적인 분위기가 만족스럽기 때문이다.

사막의 폭풍처럼 거세게

    셰이크 모하메드는 만족을 모르는 지도자다. 하늘을 찌르는 마천루 건설이 두바이 전역에서 동시다발적으로 이뤄지고 있다. 그러나 그의 꿈은 계속 높아지고 있다. 더 높은 건물을 짓고 더 매력적인 투자환경을 조성하겠다고 그는 누누이 밝혀왔다. 전 세계 기업과 사람들을 두바이로 끌어들이겠다는 그의 포부는 한시도 쉼이 없다. 셰이크 모하메드는 "아버지 라시드 국왕이 꿈꿨던 것 중 아직 10분의 1밖에 이뤄지지 않았다"고 말한다. 또 "두바이의 개벽은 이제 시작일 뿐"이라며 "앞으로 해야 할 일이 너무 많이 쉴 수가 없다"고 강조하곤 한다.

    여러 언론과의 인터뷰에서 셰이크 모하메드는 두바이가 더욱 발전하고 번영할 것이라 자신감을 표현해 왔다. 2005년 중동경제전문지『MEED』와의 인터뷰에서 그는 "앞으로 3년 이내에 두바이는 지금보다 2배는 더 부유해질 것이다"라고 선언했다. 그는 또 "사막의 폭풍처럼 우리의 진군은 힘과 속도를 가지고 있다"고 강조했다. 당시 중동 언론은 두바이 경제가 지나치게 급성장하고 있다는 등의 '거품론'을 제기하고 있었다. 그러나 셰이크 모하메드는 더욱 더 강력하게 성장 정책을 추진할 것을 밝힌 것이다.

몇 십 년이면 바닥날 것으로 보이는 석유 매장량을 가진 작은 나라에서 어떻게 이런 자신감이 나올 수 있는지 불가사의할 정도다. 도전과 모험정신으로 먼 미래를 내다보고 불가능은 없다는 자세로 밀어붙이는 셰이크 모하메드가 아니면 국민과 국제 언론 앞에 이 같은 '무모한' 발언을 할 수가 없을 것이다. 그가 꿈꾸는 세계는 무한한 것 같다. 그래서 그는 계속 달릴 수 있는 것이다. 말을 타고 거친 사막을 달려온 유목민의 기질이 그의 혈관에 흐르고 있음을 알 수 있다. 그의 미래 지향적인 정신은 두바이 시내를 두바이 시내를 걷다 보면 금방 느낄 수 있다. 두바이를 관통하는 셰이크 자이드 로드에는 아직도 대형 현수막이 나부끼고 있다.

"꿈에는 한계가 없다. 마음대로 꿈꾸어라.(Dreams have no limits. Go Further.)"

말을 사랑한 왕자

2004년 아랍전략포럼 연설에서 셰이크 모하메드는 "호랑이 사냥을 하기도 전에 가죽을 어디에 쓸 지부터 생각하지 마라" 하고 강조했다. 사냥을 하기로 결정했으면 일단 호랑이를 잡으라는 얘기다. 두바이 현재 모습은 신속하게 진행되는 공사로 인한 결과물들이다. 강력한 추진력을 가진 리더십이 두바이의 가장 큰 장점이다. 오는 2018년 완공을 목표로 지난 1999년 시작한 25개의 두바이 프로젝트가 세계인의 이목을 끌고 있는 것도 엄청난 진행 속도 때문이다. 철저한 준비 끝에 밑그림이 그려지면 셰이크 모하메드는 즉시 발표한다. 그리고 곧바로 실행에 옮긴다. 2001년 1월 29일 UAE TV와의 인터뷰에서 그는 추진력에 대해 설명했다. "어떤 아이디어에 대해 100%의 확신을 가지지 않는다면 나는 그것을 실행하지 않는다. 그러나 확신이 서면 나는 절대로 주저하지 않는다. 성공확률에 대해 다른 사람이 뭐라고 말해도 그건 중요치 않다." 세계 최고층이 될 부르즈 두바이가 일주일에 3개 층씩 올라가는 것도 두바이식 개발의 속도를 상징적으로 보여준다.

중동의 분석가들은 셰이크 모하메드의 이 같은 추진력이 '아라비아 종마'의 튼튼한 근육에 대한 그의 사랑에서 나온다고 주장한다. 셰이크 모하메드는 말 애호가로 정평이 나 있다. 아랍에서 말과 낙타는 중요한 존재이다. 사막에서의 운송수단으로 예전부터 비싼 값에 거래되곤 했다. 그러나 셰이크 모하메드는 천천히 걷는 낙타보다는 길들이기 어렵지만 강력한 근육으로 빠르게 질주할 수 있는 말을 선호한다. 그는 말과 같은 빠른 속도를 강조한다. "큰 것이 작은 것을 항상 이기는 것은 아니지만 경마에서만은 빠른 것은 느린 것을 항상 이긴다"는 관념을 그는 항상 가지고 있다. 미지근한 행동은 안 된다는 것이다. 다른 중동 국가들이 두바이를 배우고 따라 하려고 노력하고 있지만 두바이의 발전 속도가 너무 빠르기 때문에 따라잡기가 어렵다고 한다. 두바이의 뒤를 따를 뿐이다.

셰이크 모하메드가 말과 인연을 맺은 것은 아주 어릴 적부터다. 유목민의 전통을 따른 것이다. 걸음마를 하기 전부터 안장에 올랐던 것은 어쩌면 당연한 일이었다. 할아버지와 아버지로부터 그는 말과 함께하는 놀이를 즐겼다. 점심 식사 후 말을 타고 사막을 달리는 가벼운 경주는 일상적인 것이었다. 셰이크 모하메드는 장성하면서 승마선수로 활동하기도 했다. 국내외 대회에 출전해 여러 차례 우승을 차지했다. 그는 지금도 7명의 아들과 이 같은 가문의 전통을 이어가고 있다. 아버지의 피를 이어 받아 아들 셰이크 라시드는 2006년 도하 아시안게임에서 승마 지구력경기에서 개인 및 단체전을 휩쓸며 2관왕에 올랐다. 셰이크 모하메드는 이날 아들의 경기를 보기 위해 카타르까지 달려갔다. "오늘 같이 기쁜 날이 없다"며 아이처럼 좋아했다고 한다. 딸 셰이카 마이타 모하메드 공주도 대단하다. 경마는 아니지만 그녀는 '무서운' 운동선수다. 말과 같이 길게 딴 머리카락을 휘날리며 셰이카 마이타는 2006년 아시안 게임 공수도 종목에서 은메달을 획득했다. UAE 공수도 사상 여자가 아시안게임에서 메달을 딴 것은 마이타가 처음이었다.

또 2006 아시안게임에서 UAE 전체 참가 선수단 중 여성 은메달리스트도 그녀가 유일했다. 그녀는 개막식에서 UAE 선수단의 기수를 맡기도 했다. 마이타의 아시안게임 공수도 종목 도전은 2002년 부산 대회에 이어 두 번째였다. 그녀는 태권도 선수이기도 하다. "태권도는 다리를 주로 사용하고 킥복싱은 80-90% 손을 쓴다. 하지만 공수도는 반반이다. 공수도를 하게 되면 다른 스포츠들도 할 수 있기 때문에 같이 연습하고 있다"고 그녀는 말했다. 금메달을 못 따 눈물을 흘리기도 한 마이타는 기자들에게 "나의 아버지도 검은 띠 선수다. 그는 훌륭한 지도자이고 스포츠맨이다. 내게 최선을 다하라고 말씀하셨고 경기 후에는 후회하지 말라고 얘기해 주셨다"고 전했다. 그리고 5개월 후인 2007년 3월 셰이카 마이타는 다시 이집트에서 열린 아랍 태권도선수권대회에 참가했다.

말에 대한 셰이크 모하메드의 사랑은 대단하다. 4000필에 달하는 말을 소유하고 있다. 두바이 정부 내 인터넷 홈페이지에도 창을 따로 두어 '승마가'로서의 자신을 소개한다. 이 홈페이지에는 "석유가 고갈된 뒤에도 두바이가 살아남기 위해서는 말이 앞에서 경제를 끌고 그 뒤에 정치라는 마차가 뒤따라야한다"는 그의 말이 담겨있다. 그는 "말이 마차를 끌어야지 그 반대는 있을 수 없다"고 강조한다. 또 셰이크 모하메드는 세계에서 가장 큰 상금이 걸린 경마대회 '두바이 월드컵'을 매년 개최하고 있다. 셰이크 모하메드 자신도 사막에서 열리는 '인듀어런스 레이스Endurance Race'에 부인과 함께 한 해도 빠지지 않고 참가한다. 둘째 부인인 요르단 출신 하야 빈트 알 -후사인 하야 역시 승마 마니아다. 두 사람이 2004년 결혼하게 된 배경도 취미 생활이 같았다는 데 있다는 얘기가 나돌 정도다.

셰이크 모하메드는 자신의 말 사랑을 비즈니스화하고 있다. 그는 세계 경마계에서 거물이다. 영국 유학시절의 경험을 바탕으로 그는 경마가 서방의 고위층과 친분을 맺는 데 중요한 역할을 한다고 생각했다. 이 때문에 그는 영국 유학을 마친 후 바로 경마 사업을 시작했다. 마주로서 서방 여러 나라의 유명한 경마대회에 참가하고 미국과 유럽에 8개의 대형 경주마 목장을 운영하고 있다.

이 같은 노력은 두바이가 '세계의 허브'로 성장하는 데 중요한 역할을 하고 있다. 전 세계 고위급 인사를 중심으로 두바이를 홍보하는데 큰 효과를 내고 있다. 굵직굵직한 국제적 언론사가 두바이 특집을 자주 싣는 것도 이 같은 인맥이 작용한 결과다. 중동의 시사월간지 『알-라줄Al-Rajoul』과의 인터뷰에서 그는 국제적인 경마 사업에 뛰어들게 된 배경을 아래와 같이 설명했다.

"개인적으로는 나 자신의 능력을 입증하기 위해서다. 그러나 국가의 명예를 드높이는 사업이라고 생각한다. 아랍이 열등하지 않다는 것을 보여주기 위한 목적도 있다. 나 자신을 위한 것만이 아니라 국가와 아랍 전체를 위한 것이다. 유럽 마주와 명마들과 경쟁하면서 나는 아랍을 대표한다. 그들과 경쟁에서 이겼을 때 나는 아랍의 자부심을 느낀다."

세이크 모하메드가 운영하는 '고돌핀 레이싱 오퍼레이션 Godolphin Racing Operation'이라는 일종의 경주마 회사는 세계 최고를 평가받고 있다. 세계 각국에서 어린 망아지를 사들여 훈련을 시킨 후 세계적인 대회에 출전시키는 사업이다. 이 회사가 키운 경주마는 현재까지 400여 차례 세계적인 경마대회에서 우승을 차지했다. 2006년에만 이 회사 소속 경주마가 93승이나 거뒀다. 무려 1000만 달러 이상의 상금을 받았다.

훌륭한 경주마를 다수 보유하고 있는 세이크 모하메드는 '달리 스텔리언 오퍼레이션 Darley Stallion Operation'이라는 씨수말 회사도 설립했다. 유명 씨수말을 보유하여 혈통 좋은 경주마를 생산하는 회사다. 현재 세계적으로 정평이 난 52마리의 씨수말로 큰 돈으로 벌고 있다. 한 번 교배를 해 주는 데만 최고 10만 달러 이상을 받고 있다. 취미를 살려 두바이를 알리고 거기에 수입까지 올리는 그의 사업 수완에 여러 국가의 지도자들이 놀랄 정도다. 경마사업에서도 그의 국가 경영 철학이 엿보인다. 과감한 투자다. 세이크 모하메드는 전문가 집단과 함께 어린 말들을 꼼꼼히 살펴보고 투자가치가 있다고 생각하면 아낌없이 거금을 사용한다. 2005년 9월 미국의 한 망아지 경매장에서 하루에 9마리를 구입했다. 그날 그가 지불한 돈의 액수는 2700만 달러였다.

필요하면 바꿔라

말과 같이 질주하는 두바이를 이끄는 셰이크 모하메드. 그러나 정작 그를 만나 본 사람들은 그의 부드러움에 놀란다. 국가경영에는 엄격하고 철저하지만 그렇지 않은 자리에서는 겸손한 것으로 유명하다. 셰이크 모하메드와 회동 뒤 이명박 전 서울시장은 기자들과 만나 "임금 티를 전혀 내지 않는 일꾼 같은 최고경영자를 만난 느낌"이라고 평가했다.

셰이크 모하메드는 고자세를 취하기보다는 상황에 맞게 행동하고 말하는 지도자로 정평이 나 있다. 그의 강한 지도자 이미지는 필요할 때 발휘된다. 그는 특히 공무원에게 엄하다. 업무에 태만한 적지 않은 공무원이 셰이크 모하메드에 의해 혹은 그가 내보낸 암행 감시단에 적발돼 징계를 당하거나 쫓겨났다. 2000년 시사월간지 『알-라줄』과의 인터뷰에서 기자가 "공무원들에 대해 무자비하다는 말도 나오고 있다"고 질문하자, 그는 "국민과 국가를 위해서다"고 답했다. 두바이는 아직 발전단계에 있는 나라라는 것이 그의 주장이다. 더욱이 기존의 선진국을 뛰어넘기 위해서는 긴장을 유지해야 한다는 것이다. "이를 위해 마음이 아파도 잘못은 정확히 짚고 넘어가야

한다"고 그는 강조했다.

그렇다고 셰이크 모하메드가 시도 때도 없이 무자비한 사람은 아니다. 그는 '열 번 중 한 번이 아니라 두 번도 실수할 수도 있다'고 생각한다. 그 대신 여덟 번은 잘하라고 공무원에게 독려한다. 그는 또 자선을 위해 많은 돈을 기부하는 '부드러운 남자'다. 두바이 국민은 왕족이 내놓은 돈으로 운영되는 각종 기금의 혜택을 받는다. 이슬람의 최대 명절인 라마단(한 달간의 단식)이 끝나면 그는 잊지 않고 공무원에게 특별 상여금을 내린다.

말을 타고 사막을 질주하는 것처럼 국가건설도 초고속으로 추진하는 셰이크 모하메드. 그러나 그는 신중한 사람이다. 어떤 사업을 추진하기 전에 그는 철저한 조사와 검토를 행한다. 전문가 집단의 자문을 구하고 자신이 직접 계산을 해보고 '현실성이 있다'는 판단이 내려지면 움직인다. 사업이 결정되면 일사천리로 진행해 나간다. 그렇지만 해결 불가능한 문제가 발생하면 사업을 전면 취소하는 결단도 내리곤 한다. 유연성도 있다는 것이다.

대표적인 사례가 두바이포트월드Dubai Port World(DPW)가 미국 진출을 포기한 케이스다. 2006년 미국의 6개 대형 항만 운영권을 인수하려던 DPW는 의회 등 미 정치권의 반발에 부딪쳤다. 전략적으로 중요한 항구 운영을 아랍 회사에 맡길 수 없다는 것이었다. 9.11테러의 충격에서 벗어나지 못한 미국의 모습이었다. 미국 정치권의 움직임과 여론을 파악한 셰이크 모하메드는 즉각 '철수'를 명령했다. 합법적인 경제활동을 막으려는 미국의 자세에 화가 나기도 했지만, 그는 초강대국 미국 정치권과 여론이 반대하는 사업을 무리하게 추진하는 것은 시간과 정력 낭비라는 판단을 내린 것이다. 감정에 치우쳐 사태를 장기화하고 국익에 도움이 되지 않는 쓸데없는 충돌을 피하자는 취지였다. 철저한 실리를 추구한다는 자세다. 자본주의 국가보다 더 자본주의적인 경영 시스템을 창출한 지도자 셰이크 모하메드의 경영 스타일이다.

친미 성향의 대외정책, 전통을 뒤바꾸는 개방정책, 명분보다 실리를 강조하는 자본주의 등을 선택한 셰이크 모하메드에 반대하는 일부 이슬람 전통주의자들과의 충돌도 발생하고 있다. 그러나 셰이크 모하메드의 입장은 확고하다. 국가와 국민을 위해 '필요하다면 뭐든지 바꿀 수 있다'라고 맞서고 있다. 전통에 얽매이다 보면 미래로 나아갈 수 없다는 것이다. 아직도 부족주의와 이슬람의 보수 색채가 일부 남아있지만 두바이는 현대사회에 충분히 조화될 수 있도록 이슬람 전통 규범을 새로운 방식으로 재해석하고 있다.

새로운 시대에 빨리 적응하기 위해서 셰이크 모하메드는 이슬람의 정치화 그리고 사회규범화를 거부한다. 인간의 내면을 정화하고 개인의 삶을 다스리는 것이 종교의 역할이라고 그는 강조해 왔다. 이 때문에 두바이의 거리는 여느 유럽의 시내와 크게 다르지 않다. 더운 기후와 이따금 보이는 이슬람 모스크를 제외하면 서울의 거리와도 큰 차이가 없다. 세이크 모하메드는 외국 기업과 투자자들을 위해 주말도 바꿨다. 이슬람의 안식일인 금요일과 전날인 목요일에 쉬던 것을 금요일과 토요일을 휴일로 정했다. 본국의 일정과 맞춰 업무를 해야 하는 외국인 출장자와 지사 주재원들을 위한 배려다.

급증하는 외국인 관광객과 근로자들을 위해 셰이크 모하메드 정부는 '엄청난 양보 조치'를 취하고 있다. '밤 문화'를 묵인하고 있다. 국내 보수주의자들의 반발에도 불구하고 두바이 지도부는 외국인에 '무제한 서비스'를 제공하고 있는 것이다. 호텔과 시내에 즐비한 나이트클럽에서는 매춘이 성행한다. 술도 팔고 무대 위에서 춤을 출 수도 있다. 서양의 댄스음악과 아랍 노래들이 번갈아 나오는 이곳에는 그야말로 중동의 신풍경이 펼쳐진다. 가장 눈에 띄는 것은 나이트클럽 내 여성들이다. 금발의 서양여성들부터 중동 여성 그리고 중국 여성들까지 다양한 국적의 여성들이 모여 있다. 알라도, 코란도 여기에선 존재하지 않는다. 이들은 들어오는 손님들과 가격을 흥정하기에 여념이 없다. 분명 다른 중동 국가에서는 볼 수 없는 광경이다. 아이러니컬하게 이런 나이트클럽을 가장 자주 이용하는 사람들은 '오락'에 굶주린 주변 중동 국가의 관광객들이다.

향락산업도 허용할 정도로 사회 전체가 개방 분위기로 흘러가면서 현지인들도 변하고 있다. 특히 여성의 외모와 생활 방식의 변화가 눈에 띈다. 고급 외제 액세서리로 화려하게 치장하고 히잡(머리 두건)을 쓰지 않은 젊은 여성이 빠르게 늘고 있다. 두바이에서 사업을 하는 한 한국인은 "두바이는 외국인 투자를 끌어올 수 있는 일이라면 안 하는 일이 없다"며 "한편으로는 부럽기도 하고 두렵기도 하다"고 말했다. 일부 방문객이 "미국보다 더 미국적인 이슬람 도시"라고 평가하는 것도 이런 이유에서다.

셰이크 모하메드의 하루

한가한 유목생활과 보수적인 이슬람 전통에 물든 국민을 개조하기 위해 셰이크 모하메드는 자신이 '두바이 주식회사 CEO'임을 자청했다. 국가를 기업으로 생각하고 자신이 직접 뛰는 모습을 국민에게 보여주기 위함이었다. 또한 그는 자신감과 경험이 없는 국민에게 모범이 되고자 했다. 그는 종종 군사교육을 받은 경험을 살려 군화를 신고 산업 현장을 방문했다. 불시에 정부기관을 찾아 행정의 효율성을 체크했다. 두바이가 전 세계에서 유례가 없을 정도로 빠르게 행정체계를 개선하고 e-정부를 구축한 것도 그의 정력적인 현장 방문활동을 통해 이뤄졌다.

통치자가 경제와 기업 활동에 지나치게 관여한다는 비난에도 불구하고 셰이크 모하메드는 자신이 최대주주인 '두바이 홀딩' 회사를 설립했다. 이를 통해 북아프리카 튀니지, 모로코 등지에 부동산 개발 등을 목적으로 수억 달러를 투자하고 있다. 수십억 달러를 움직이는 기업인으로서 국가와 국민을 위해 이윤을 직접 창출하기도 한다. 주식회사 두바이는 왕정에서 자본주의로 진화하는 표본이자 두바이 왕실 리더십의 산물이기도 하다.

셰이크 모하메드는 '워커홀릭workaholic'으로 잘 알려져 있다. 그것도 심각한 '일 중독증'이다. 하루를 분단위로 끊어 일을 하는 지도자라고 여러 중동 언론은 보도한 바 있다. 2003년 쿠웨이트의 일간 「알-시야사」와의 인터뷰에서 그는 자신의 '일 사랑'에 대해 이렇게 말했다.

> "과장 없이 얘기하는 것이다. 사실 일에 전념하는 것이 식욕을 돋운다. 뿐만 아니라 시를 쓰는 것과 같은 나의 다른 취미에 대한 관심을 유지시킨다. 때로는 시간이 없어 못하는 취미에 대한 나의 욕구를 극대화하기도 한다. 나는 일을 하는 것을 좋아한다. 나는 성공을 사랑하고 실패를 경멸한다. 그래서 일을 열심히 하고나서 느끼는 피로함, 즉 '기분 좋은 피로감(wonderful tiredness)'에 행복감을 느낀다."

두바이의 천지개벽을 위해 불철주야 뛰고 있는 셰이크 모하메드의 활동은 공개되는 것만 봐도 쉽게 알 수 있다. 그의 홈페이지에는 하루에 보통 대여섯 건에 달하는 활동 관련 스트레이트 뉴스 기사가 올라온다. 시찰, 회의 주재, 연설, 왕실 업무, 새로운 프로젝트 발표 등 현장에서 뛰는 것들이 뉴스의 제목들이다. 공개된 활동 내용이 이 정도이니 그가 얼마나 분주한지는 더 설명할 필요가 없다.

세계적인 지도자로 부상한 셰이크 모하메드의 일상에 대한 국제 언론의 관심은 지대하다. 그러나 그는 자신의 하루 일과에 대해 공개하지 않는다. 2003년 7월 6일자 시사월간지 『알-라줄』과의 인터뷰에서도 그는 "특별히 정해진 하루 일정은 없고, 일의 우선순위에 따라 매일 정할 뿐이다"라고 말했다. 그는 또 "지도자가 열심히 일하는 것은 당연한 것"이라며 "이를 과시하기 위해 언론 등에 공개하는 것은 유치한 행동"이라고 설명했다. 이유는 또 있다. 정부기관과 산업현장을 불시에 시찰하는 것을 즐겨 하기 때문이다. 그의 일정이 알려져서는 안 되는 것이 당연하다.

아랍의 여러 언론에 소개된 한 일화가 있다. 어느 날 이른 아침 셰이크 모하메드는 경마장 코스로 지정된 곳의 공사현장에 시찰을 나갔다. 그런데 한 인부가 와서 물었다. "도대체 몇 시에 자고, 몇 시에 일어납니까? 어제 방송과 신문을 통해서 수십 차례 인터뷰한 것을 보았고, 여러 회의에 참석한 것을 보았는데 이 시간에 이곳에 오다니요. 이런 일들은 다른 사람들에게 맡겨도 되지 않나요?" 새벽녘부터 공사현장을 둘러보는 지도자를 보고 적지 않게 놀란 표정이었다. 그러자 셰이크 모하메드는 웃으며 "걱정하지 마세요. 내 인생의 모든 것은 스케줄에 따라 움직입니다"라고 답했다.

셰이크 모하메드는 취침시간은 보통 4시간 정도다. 오전 6시에 일어나 세면을 하고 바로 사무실로 향한다. 홍차나 비스

킷으로 간단히 아침을 먹는다. 셰이크 모하메드는 아침을 좋아한다. 보통 7시 이전에 부르즈 알-이마라트에 있는 사무실로 출발한다. 이 시간에 사업현장에 자주 들른다. 아무도 없을 때 자신의 두바이 프로젝트가 어떻게 진행되고 있는가를 보면서 추가적인 사업구상을 한다.

사무실에 다른 직원들보다 먼저 도착하는 경우가 많다. 비서진이 보고하기 이전에 자신의 하루 일과를 직접 챙긴다. 해야 할 일도 있지만 하고 싶은 일을 구상하는 것을 좋아한다. 이어 오전 회의를 주관한다. 보좌관 이외에 회의에 참석하는 사람은 미리 정해 놓는다. 정부 부처 관리나 추진 중인 프로젝트들의 책임자가 자주 불려온다. 진행되고 있는 국가사업을 매일 점검하는 것이다. 사무실에는 수십 개의 두바이 프로젝트가 어떻게 진행되고 있는지를 쉽게 파악할 수 있는 현황판이 있다.

점심시간까지 그는 쉬지 않고 일한다. 헬기를 타고 왕궁으로 이동하면서 외국 인사를 접견하기도 하고 프로젝트 현장을 방문한다. 셰이크 모하메드가 가장 신경 쓰는 부분은 외국 기업체들이다. 외국의 대기업 총수와는 가급적이면 시간을 내서 만난다. 투자를 유치하기 위해서는 국가 지도자가 직접 나서야한다는 것이 그의 지론이다. 점심 식사가 끝나면 그는 주로 외부에서 움직인다. 그러나 많은 수행원을 데리고 다니지 않는다. 헬기를 이용해 신속하게 움직이면서 가급적 많은 현장을 방문하고 외국인들과 접촉한다. 공무원들이 가장 겁내는 시간이다. 퇴근을 일찍 했다가 봉변을 당한 공무원 수도 적지 않다고 한다.

오후 활동이 끝나면 주로 만찬에 참석한다. 두바이를 배우려는 혹은 투자를 위해 방문하는 외국의 정치인과 CEO가 급증하면서 셰이크 모하메드는 밤 시간에도 바쁜 일정을 갖는다. 중동의 저녁 식사 시간이 늦기 때문에 11시나 자정이 돼서야 왕궁으로 돌아갈 수 있다. 7명의 아들 그리고 9명의 딸들과 보내는 시간이 평일에는 거의 없다. 이 때문에 그는 주말을 이용해 가족과 많은 시간을 보내려고 노력하고 있다고 한 언론에 밝히기도 했다.

셰이크 모하메드는 홀로 다니는 것을 좋아한다고 아랍 언론인들은 말한다. 구상하는 시간이 필요하기 때문이다. 사무실을 벗어나 두바이의 자연을 벗하면서 미래를 설계한다. 여기에 두바이에서 벌어지고 있는 일들을 직접 눈으로 확인하기 위해서다. 공무원이 올린 보고서는 참고용일 뿐이다. 자신이 현장을 둘러보면서 꼼꼼히 많은 것들을 챙긴다. 외국 인사를 접견할 때도 단독적으로 움직이곤 한다. 2006년 9월 20일 셰이크 모하메드는 두바이를 방문한 한명숙 총리를 부르즈 알-이마라트의 집무실에서 만나기로 돼 있었다. 이날 그는 직접 승용차를 몰고 왔다. 이를 본 기자들이 "혼자 다니는 게 위험하지 않으냐"고 묻자 그는 "지도자인 내가 혼자 다니지 못한다면 투자자들이 어떻게 안전하게 두바이에 투자하겠느냐"고 말했다. 자신이 통치하는 나라와 국민에 대한 신뢰가 있음이

드러나는 순간이었다. 또한 국민을 만족시키고 두바이를 밝은 미래로 이끌고 있다는 자신감이 있음을 국내외에 명확히 알리는 순간이었다.

셰이크 모하메드의 리더십

　국가운영에서 국가 지도자의 리더십은 절대적인 조건이다. 더욱이 신속한 발전이 필요한 국가에서 지도자의 리더십은 국가의 운명을 좌우한다. 셰이크 모하메드는 다른 이슬람 왕정 국가와 달리 종교와 정치를 구분하는 세속주의 정책을 시행했고 명확한 비전을 세워 이를 과감히 추진한 지도자로 볼 수 있다. 그의 이러한 리더십에는 현실을 냉철하게 진단하는 통찰력, 도전과 모험정신으로 먼 미래를 내다보고 발전상을 머리에 그릴 줄 아는 상상력, 그리고 일사천리로 밀어붙이는 실천력 등이 바탕을 이루고 있다. 다시 말해 그는 '비전 제시형' 리더다. "지도자에게는 명확한 비전과 이에 대한 확고한 신념이 있어야 한다. 신념이 없다면 그는 주저하거나 포기하게 된다. 목적지를 확실히 정하지 않았다면 차를 타고 여행을 떠나지 말라. 우리는 어디로 향해 가고자 하는지를 알아야 한다"고 그는 역설한다.

셰이크 모하메드는 『나의 비전』이라는 자서전에서 비전을 '실현 가능한 상상력'이라고 규정한다. 그는 자신의 비전이 크게 세 가지를 함축하고 있다고 말한다. "첫째, 비전은 창의적이어야 한다. 둘째, 비전은 반드시 실행되어야 한다. 셋째, 비전은 미래지향적이어야 한다." 사막의 황무지에 세계 최고의 관광시설을 만들어 나가는 두바이 지도자가 말하는 비전의 필수조건이다.

창의적인 비전은 셰이크 모하메드의 두바이를 다른 나라와 차별화하는 핵심적인 요소다. 두바이는 현재 모래가 날리는 사막에 스키장, 잔디 골프장, 환상적인 대규모 위락단지를 만들고, 불꽃 모양으로 흔들리는 빌딩, 회전하는 아파트 등 세계 어디에서도 도저히 생각하지 못했던 창의적인 프로젝트들이 추진되고 완료되었다. 셰이크 모하메드는 창의성은 비전의 시작단계이지만 결과를 좌우할 수 있는 가장 중요한 토대라고 강조한다. 이를 위해 지도자는 '비전 정립'을 위해 많은 것을 치밀한 계획을 세우고 타당성 여부를 조사해야 한다고 그는 설명한다. 셰이크 모하메드는 비전을 제시할 때는 "다음과 같은 질문에 답할 수 있어야 한다"며 6가지 체크 리스트를 나열한다.

1. 비전이 가져올 수 있는 결과는 무엇인가? 국가와 사회 그리고 개인에는 어떤 이익이 돌아가나? 누가 이익을 얻는가?

2. 종전에 실천한 비전과 어떤 연관성을 가지는가? 새로운 것이라면 다른 나라에서는 할 수 없는 우리만의 독창성을 가지고 있는 것인가?

3. 현실성 있는 비전인가? 경제 혹은 사회 발전단계에 맞지 않는 우발적인 것은 아닌가?

4. 비전을 실천할 최선의 방법은 무엇인가? 국민과 투자자를 충분히 설득할 수 있는가?

5. 비전을 추진해 나갈 인적자원이 충분한가? 누가 포함될 것인가? 필요한 기술과 노하우는 어디서 가져올 것인가? 인력은 어디서 어떻게 동원할 것인가?

6. 비전을 실행할 자금은 어디서 마련할 것인가? 자금 동원이 가능한 것인가? 국내외에서 투자를 충분히 유발할 수 있는가?

셰이크 모하메드의 비전은 전시나 선전용이 아니다. 실천을 전제로 한다. 짧은 시간 내에 사막의 도시를 '중동의 맨해튼'으로 변모시키는 사업이 이 비전에 따라 가능했다. 두바이 지도자가 제시하는 비전은 과감히 밀어붙이는 '실천력'을 분명히 담고 있다. "계획에 따라 정확하게 실행되지 않으면 비전이 무슨 의미가 있겠는가. 지도자는 정해놓은 일정에 따라 사업이 추진되고 있는지를 끝까지 확인해야 한다. 비전은 끝이 없는 사업이 아니다. 정확한 목표를 단계별로 확실히 진행하고 끝내야, 다른 비전을 계획하고 추진할 수 있다"고 그는 설명한다. 셰이크 모하메드가 이렇게 추진하는 비전은 국민을 똘똘 뭉치게 하고 노력하게 하는 비결이다. 최고위층부터 말단 공무원까지 모두가 지도자의 의지가 담긴 역동적인 비전에 따라 움직인다. 국민 개개인의 도전정신을 일깨우는 중요한 역할을 한다.

또한 셰이크 모하메드의 비전은 '미래지향적'이다. 그는 "지도자는 먼 곳을 바라 볼 수 있어야 한다"고 늘 강조했다. "미래에 어떤 일이 일어날지 모르겠다"라고 말하는 것은 금물이라고 그는 지적한다. 이럴 경우 국민은 불안 속에서 지도자의 능력에 큰 의혹을 가지게 된다. 국가운영이 제대로 되지 않을 것은 불 보듯 뻔하다. 셰이크 모하메드는 "미래를 준비하지 않는 지도자는 기회가 와도 잡을 수 없지만, 미래지향적인 지도자는 기회가 오지 않는다면 스스로 미래를 창조하고 개척해 나갈 수 있다"고 말한다.

셰이크 모하메드의 자서전은 비전과 더불어 리더십에 대해 많은 분량을 할애한다. 자신뿐만 아니라 국민도 리더십을 가져야 한다고 그는 강조한다. 셰이크 모하메드는 국민 개개인이 강력한 리더십을 가질 경우 국가개조가 더 신속히 진행될 수 있다고 믿는다. 이 때문에 그는 두바이 젊은이들에게 온순한 양보다는 '사자'가 되라고 주문한다.

"한 서양 속담은 '양 한 마리가 사자 떼를 인도하는 것보다는 한 마리 사자가 양떼를 이끄는 것이 낫다'고 말한다. 그러나 나는 한 마리의 사자가 사자 떼를 이끄는 것이 더 낫다고 생각한다. 리더는 무서움에 떨며 지시에만 따르는 양보다는 자신과 함께할 수 있는 사자가 많을 때 더욱 강력한 힘을 발휘할 수 있다. 리더 사자와 사자 떼가 한 몸이 되어 움직일 때 코끼리도 공격할 수 있는 것이다."

셰이크 모하메드는 국민 개개인의 리더십이 한 국가의 현재 국력과 발전가능성을 결정한다고 말한다. 이 때문에 그는 자서전에서 훌륭한 지도자상을 다음과 같이 묘사한다.

1. '먼저 가라'가 아니라 '나를 따르라'라고 말하는 사람.
2. 조직이 원하는 것을 파악하고 이에 상응하는 비전을 제시하는 사람.
3. 적절한 시점에 과감한 결정을 내릴 수 있는 사람.
4. '모든 잘못은 나의 것이고 모든 성공은 조직의 것'이라고 말할 수 있는 사람.
5. 겸손이 지도력을 더 강화시켜 준다는 것을 아는 사람.
6. 최대한 많은 사람의 말에 귀를 기울이는 사람.
7. 자신의 약속을 끝까지 지킬 수 있는 사람.
8. 자신감과 교만함을 구별할 줄 아는 사람.
9. 24시간 주 7일 일할 수 있는 사람.
10. 과장이나 축소 없이 자신의 생각을 전달할 수 있는

사람.

11. 아랫사람에게도 헌신할 수 있는 사람.

12. 다른 사람보다 앞서서 규칙과 법을 지킬 수 있는 사람.

셰이크 모하메드의 리더십 중에서 가장 독특한 것은 위에 언급한 10번이다. 그는 말을 잘하는 것도 상당히 중요하다고 지적한다. 국가나 조직을 이끌기 위해서는 뛰어난 표현력으로 설득할 수 있는 능력이 있어야 한다는 것이다. 이는 말을 번지르르 잘하는 사람을 의미하는 것이 아니다. 자신의 지시와 비전을 명확히 전달할 수 있어야 한다는 것이다. 전달이 잘못되면 일을 그르칠 수가 있기 때문이다. 절대 과장하거나 의미를 축소하지 말고 정확히 국민과 조직 구성원들이 해야 할 일과 자세를 이해하도록 해야 한다. 이 능력이 아랫사람의 신뢰와 협력을 이끌어 내는 비결이라는 것을 그는 잘 알고 있다.

실제로 셰이크 모하메드의 연설을 분석해보면 강력한 힘이 실려 있음 알 수 있다. 미사여구가 많지 않고 군더더기가 없는 요점을 전한다. 쉬운 용어를 사용하지만 설득력이 있다. 이를 통해 셰이크 모하메드는 국민이 자신의 비전과 목표에 따르도록 유도해 왔다. 강한 의지와 자신감이 담겨 있는 그의 말은 무모하다는 지적도 많았던 대규모 국가사업에 대해 제기되는 의혹과 우려를 떨쳐내는 힘이 있었다. 즉 그는 설득력 있는 말을 통해 온갖 도전으로부터 자신이 추진하는 사업을 지켜낼 수 있었다. 말 한마디 때문에 자신이 정치적 위기에 빠지고 국

두바이의 랜드마크인 부르즈 알-아랍

가나 조직을 위태롭게 만드는 지도자들이 적지 않다. 그러나
셰이크 모하메드는 말을 통해 국민이 나태에 빠지지 않도록
독려하고 국가개조사업에 지속적으로 참여하도록 유도하고
있다. 이 때문에 두바이 정부를 소개하는 홈페이지에는 지도
자가 내놓은 명언들이 모아져 있다. 그 중 일부를 소개하면 다
음과 같다.

   "두바이에서는 실패를 제외한 모든 것이 가능하다."
   "가장 거대하고 기억에 남을 사건은 아직 일어나지 않
  았다."

"정부는 리더십에 의해 보호받는 나무와 같다. 무럭무럭 자라 국민을 위해 튼실한 과일을 풍부하게 제공할 것이다."

"진정한 기쁨은 성공적인 발전 속에서 느끼는 것이다."

"우리는 미래에 맞서 하나가 돼야 한다."

"비전이 명확하다면 목표들은 쉽게 달성될 수 있다고 믿는다."

"현재의 여러분과 미래의 세대가 모든 개발 계획에서 가장 우선적으로 고려되고 있다."

"과거에 나는 우리가 성공할 것이라고 말했습니다. 그리고 우리는 해냈습니다. 오늘 나는 우리가 미래에 더 크게 성공할 것이라고 말하고 있습니다."

"누구든 앞으로 10년 뒤 무엇이 벌어질지 예언하기는 불가능하다. 그러나 한 가지는 말할 수 있다. 앞으로 3년 이내에 두바이는 지금보다 2배는 더 부유해질 것이다."

"우리의 꿈은 생활의 안락함과 성공의 핵심을 제공하는 최고의 도시를 창조하는 것입니다."

셰이크 모하메드의 말과 연설에는 부정적인 것들이 거의 없다. 국민에게 자신감을 심어줄 수 있는 긍정적인 표현 일색이다. 패배주의가 담긴 혹은 패배주의를 야기할 수 있는 단어를 사용하지 않아 국민에게 희망을 심어주는 발언들이다. "내가 던진 말 한마디가 국민을 웃게 할 수도 있고 불안하게 할 수도 있다. 나의 인터뷰 자세나 표현 하나하나가 우리 경제의 전망을 밝게 혹은 어둡게 할 수 있다. 투자를 유치해 국가건설을 해야 하는 두바이를 생각하면 토씨하나 신경 써야 한다"고 그는 한 언론 인터뷰에서 연설의 어려움을 토로하기도 했다. 불평만 늘어놓고 국민과 사회를 비난하면서 '국가 미래가 걱정된다'고 말하는 지도자가 있는 나라에 외국인 관광객과 투자자가 많이 찾을 리가 없다는 것이다. 국민의 신임과 존경을 받는 지도자가 있어 안정과 번영을 누리는 나라에 가면 방문객도 마음이 편해진다. 지도자가 승리를 언급하는 나라, 이 때문에 급속도로 발전하고 희망이 보이는 나라에 외국인 투자가 몰리는 것도 당연한 것이다.

두바이 모델, 변화의 시작

두바이는 현재 세계 경제의 중심이 서 있다. 세계에서 가장 빠르게 성장하는 경제를 가진 두바이는 굵직굵직한 경제뉴스의 무대가 되고 있다. 2007년 3월 11일 세계 굴지의 유전탐사회사인 미국 핼리버튼사社가 두바이로 본사를 옮기겠다고 발표했다. 지사를 설립하는 것이 아니라 회사의 본부를 그곳으로 옮기겠다는 발표였다. 전 세계 언론은 이 소식을 속보로 전했다. '테러와의 전쟁'을 벌이고 있는 미국의 한 대기업이 이슬람세계의 중심으로 본사를 옮긴다는 것은 큰 의미가 있는 것이다. 중동에 위치해 있지만 철저한 자본주의식 개방을 추진하는 두바이였기에 가능한 일이었다.

세계 2위의 유전 탐사 서비스 및 관련 장비 업체인 핼리버

튼은 딕 체니 부통령이 1995년부터 2000년까지 최고경영자로 재직했던 회사. 현재도 미국 내 고위인사가 관련되어 있으며, 미국에서도 둘째라면 서러운 건설과 에너지, 그리고 플랜트 분야의 대기업이다. 본사 이전의 목적은 해외영업 강화였다. 원유가 중동에서 집중 생산되는 탓에 이익의 절반 이상을 해외에서 벌기 때문에 해외영업을 강화하기 위한 포석이었다. 게다가 최근 중국, 인도 등의 석유 수요가 늘면서 회사에서 아시아 지역이 차지하는 비중이 높아졌다.

세계 언론과 경제 전문가들은 핼리버튼의 이번 행보로 글로벌 다국적기업의 두바이 진출이 더욱 활발해 질 것이라고 전망하고 있다. 대대적인 경제자유구역의 설치, 매혹적인 세제혜택, 신속한 행정 서비스 등 외국인 투자자들의 천국이 되고 있는 두바이다. 세계에서 가장 빠르게 성장하는 두바이의 현주소다. 새로운 원유생산 기술이 아니라 외국인 투자가 국가발전의 원동력이 되고 있는 나라가 이슬람 국가 두바이다. 하루에 352대의 차량이 늘어나는 곳, 휴대폰 소유자 수가 전체인구의 1.5배인 곳, 전체인구가 매년 10%씩 늘어나는 곳이 '이상한 나라' 두바이다. 외국인이 얼마나 큰 관심을 가지고 이 작은 나라를 방문하고 있는지를 설명해 주는 수치들이다.

'두바이의 기적'은 전 세계 지도자들뿐만 아니라 일반인들에게 중동 지역에 대한 새로운 시각을 심어 주었다. 특히 한국인들에게는 더욱 그렇다. 이상한 종교를 믿는 나라, 전쟁만 하는 지역, 자살폭탄 테러가 빈번한 문화권 등이 이 지역에 대해 우리가 갖고 있는 인식의 전부였다. 그러나 두바이 때문에 아랍에 대한 우리의 인식이 상당히 긍정적으로 바뀌고 있다. 이상한 지역이라는 인식에서 벗어나 신기하고 초현대적인 것들이 많은 곳이라는 긍정적인 면이 서서히 부각되고 있다. 지난 수년간 정부관리, 기업 총수, 정치인들 할 것 없이 많은 한국인들이 이렇게 조그만 나라에서 어떻게 세계 최고, 최초, 최대의 프로젝트가 진행되고 있는지를 보기 위해 두바이를 방문했다.

'두바이의 충격'은 비단 한국에만 국한된 것이 아니다. 두바이의 변신은 중동 국가들도 새롭게 바뀔 수 있다는 것을 가장 확실히 보여주는 모델이 되고 있다. 효율적인 행정시스템, 신속한 의사결정, 법은 물론 이슬람 근본까지 유연하게 바꿔가며 해외자본과 기업을 유치하는 사고전환 등의 '두바이 현상'은 이미 중동의 다른 국가들에서도 나타나고 있다. 교역, 관광, 교통 금융의 중심지로 부상한 두바이를 벤치마킹한 개발 사업이 중동 전역에서 잇따르고 있는 것이다.

UAE의 일간지 「알-칼리지」에 따르면 사우디아라비아, UAE, 카타르 등 6개 걸프 산유국에서 현재 진행 중인 것과 곧 착수할 프로젝트 규모는 최근 1조 달러를 돌파했다. 가장 먼저 그리고 적극적으로 노력하고 있는 곳은 두바이가 속한 UAE 내 다른 6개 토후국이다. 하루가 다르게 초대형 프로젝트가 벌어지는 천지개벽 도시 두바이는 다른 토후국에도 자극제가 되고 있다. 두바이 동부에 위치한 토후국 샤르자는 50억 달러를 투자한 고급 주거단지 '누줌 아일랜드'를 추진하고 있다. 이 중에서도 두바이 서남부에 위치한 아부다비는 두바이를 능가하겠다고 전력투구하고 있다. 아부다비는 UAE 연방정부 예산의 90%를 담당하고 있는 실질적인 리더 도시이다. UAE 석유매장량의 약 96%를 보유한 이유로 일찍이 석유화학과 중공업이 발전했다. 그리고 이를 바탕으로 대대적인 기간산업에 투자를 해 왔다. 두바이가 서비스, 미디어, 금융 산업 성장을 목표로 한 반면 아부다비는 풍부한 자원을 바탕으로 중공업과 제조업 분야에서 경쟁우위를 점하고 있었다.

이런 아부다비가 두바이의 인공섬 개발에 대응하기 위해 자연섬 개발에 착수했다. 대표적인 자연섬 개발 프로젝트가 270억 달러가 투자되는 8만 평 규모의 해상 레저단지인 '사디야트 섬' 개발이다. 사디야트 섬은 현재 무인도지만 개발이 완료될 경우 인구 15만 명이 거주할 수 있는 신도시로 탈바꿈할 것으로 보인다. 아울러 '루브르 아부다비 박물관'이 UAE 정부가 관광문화 특구로 개발하는 사디야트 섬에 들어설 예정이다. 아부다비 정부는 30년 동안 '루브르'라는 이름을 쓰는 대가로 프랑스에 약 5억2000만 달러를 지불하고, 루브르로부터 미술품 대여와 특별 전시회, 전시 컨설팅 등을 제공받는 조건으로 7억4700만 달러를 추가로 내는 조건에 합의했다.

이외에도 400억 달러의 예산이 소요되는 아부다비 최대 개발 프로젝트인 '바니야스 섬' 개발 프로젝트가 금년에 시작되었다. 이곳에는 뉴욕 구겐하임 미술관의 별관인 '구겐하임 아부다비' 미술관이 들어올 것이며, 페라리 테마파크와 레이싱

트랙 등 스포츠 위락 시설도 들어설 예정이다.

UAE를 제외한 주변 걸프 산유국들도 두바이를 맹추격하고 있다. 본격적인 대형 프로젝트들이 진행 중이다. 카타르는 110억 달러를 들여 관광 및 고급 주거 단지를 세울 계획을 최근 내놓았다. 쿠웨이트는 석유화학시설에, 오만은 물류시설에 막대한 자금을 쏟아 붓고 있다. 1980년대 중동의 금융 중심지였던 바레인도 다시 금융 허브로 재도약하겠다는 포부를 밝히고 있다. 금융 인프라를 재정비해 오일 머니가 되돌아오도록 노력하고 있다. 바레인은 또 수십억 달러를 투자해 해안에 초호화 휴양시설이 들어설 13개의 인공섬을 만들 예정이다.

가장 엄격한 이슬람 국가인 사우디아라비아도 변화하고 있다. UAE의 건설 및 컨설팅사인 이마르Emaar와 사우디아라비아 건설업체가 참여한 컨소시엄이 2005년 12월 '킹 압둘라 경제도시'를 착공했다. 266억 달러의 공사비가 투입되는 사우디아라비아 사상 최대의 프로젝트다. 2006년 5월에는 해안 도시 제다에 약 100억 달러를 투입하는 '제다 힐Hill' 신도시 프로젝트기 발표되었다. 6월에도 사우디아라비아 정부는 수도 리야드에서 북쪽으로 700여 킬로미터 떨어진 오아시스 지역인 하일에 향후 10년에 걸쳐 80억 달러를 투입해 경제 신도시를 건설하겠다는 청사진을 발표했다.

'두바이식 개발 신드롬'은 현재 전 중동에 확산되고 있다. 두바이가 도움을 주는 경우가 많다. 두바이는 이제 자금과 개발 노하우를 중동지역에 수출하고 있는 것이다. 아프리카 북서부에 위치한 모로코에는 현재 두바이 부동산 개발회사인 이마르가 세계 최대 규모 골프장을 건설하고 있다. 이집트에도 이마르, 다막 등 두바이 회사가 끌어들인 걸프 자본이 몰려들어 건설 붐이 한창이다. 중동 역내 투자는 대상을 가리지 않는다. 미국의 외교 압박을 받고 있는 시리아에도 이마르가 2005년 중반부터 대규모 부동산 투자를 시작했다. 34억 달러를 투자해 다마스쿠스에서 북서쪽으로 10킬로미터 떨어진 알탈 지역에 정보기술(IT) 지구를 건설하는 대규모 프로젝트다. 약 2만5000개의 일자리가 창출될 것으로 예상되는 이 사업에 시리아 정부가 대환영 입장을 보이는 것은 당연하다. 여기에 전쟁의 상흔을 극복하기 위해 몸부림치는 이라크의 경우도 수백억 달러 규모의 재건사업 투자에서 두바이를 벤치마킹하려는 모습이다.

테러지원국가로 미국에 낙인이 찍혔던 리비아의 변신은 놀라울 정도다. 리비아는 20여 년 이상 미국이 주도한 서방의 경제봉쇄하에 국제사회에서 고립되어 왔다. 그러나 지금은 상황이 바뀌었다. 무아마르 카다피 리비아 국가원수는 2003년 12월 핵무기를 포함한 대량살상무기 개발 포기를 선언했다. 이어 개방을 위한 대대적인 개혁을 추진하고 있다. 2005년부터는 40년 만에 처음으로 유전탐사 및 채굴권에 관한 국제입찰을 시작했다. 리비아는 향후 10년간 모두 300억 달러의 외자를 유치해 현재 하루 150만 배럴인 석유 생산량을 300만 배럴로 확대한다는 목표가 있다. 석유산업 이외에도 외국의 투자유치 등 경제개방을 할 계획도 발표했다.

국가원수 무아마르 카다피의 차남 알사디 카다피는 리비아에 하이테크 경제자유도시를 추진하겠다고 2006년 10월에 밝혔다. 알사디는 당시 영국 인디펜던트와의 인터뷰에서 "중동판 홍콩을 건설하겠다"고 강조했다. 자존심 때문에 애써 홍콩 모델임을 언급했지만 '두바이 모델'을 리비아 북서부 해안에 도입하겠다는 정책이다. 외국기업의 활동 보장, 세금 혜택, 송금의 자유는 물론 다양한 종교를 허용하는 지역을 건설해 경제발전을 촉진하고 외국인 투자를 적극적으로 유인할 전망이다. 영국의 엔지니어링 업체인 WS 애트킨스가 알사디의 마스터플랜을 돕는 파트너로 초청받았다. 두바이의 이마르가 역시 도시 인프라 건설을 담당할 예정이다.

두바이를 배우자

두바이는 밀려드는 외국인에 즐거운 비명을 지르고 있다. 호텔방이 부족할 정도로 두바이의 발전상을 보려는 사람들이 급증하고 있다. 전 세계 기업인, 정부 관리, 정치인의 체험장으로 변하고 있다. 한국도 이를 따르고 있다. 한때 싱가포르를 배워야 한다고 했다가 그 뒤엔 상하이가 떠올랐다. 이제는 두바이다. 노무현 대통령, 이해찬, 한명숙 전 국무총리, 전체 반이상의 장관들, 그리고 이명박, 오세훈 전·현직 서울시장을 비롯한 지방자치단체 고위 공무원까지 현지 시찰을 다녀왔다.

산업자원부는 한국 기업의 진출을 돕기 위해 두바이에 '플랜트 건설 수주지원센터'를 설치했다. 2006년 말 한국 경제계 원로들의 모임인 IBC포럼 대표단도 두바이를 시찰했다. 대표단에는 남덕우 전 국무총리, 김만제·이승윤·진념 전 경제부총리, 이종찬 전 국정원장, 고병우 전 건설장관 등이 포함됐다. 이어 삼성경제연구소, 인간개발연구원 등도 현지에서 두바이 모델을 분석하기 위한 노력을 보였다. 대학생까지 두바이 리더십 배우기 프로그램에 참가하고 있다. 현지를 보고 돌아온 각계각층의 사람들은 새로운 글로벌 경영전략을 두바이를 통해 찾아보려고 노력했다. 각종 보고서, 기사, 블로그들이 인터넷에 넘쳐난다.

기업들의 관심과 진출도 대단하다. 2006년 초 이건희 삼성 회장은 '창조경영 순례'로 두바이를 방문했다. 이 회장은 회사 내 경영진에게 "두바이 지도자의 '창조적 경영'을 철저히 분석하라"고 지시했다. 2006년 5월 중순에는 CJ그룹의 이재현 회장이 이끄는 경영진 40여 명이 두바이에 모여 미래 경영전략의 논의했다. 현대건설, 두산중공업, 웅진그룹 등도 두바이에서의 임원회의와 경영전략세미나를 가졌다. 일부 기업은 단순히 두바이를 방문해 보는 것으로 만족하지 않았다. 건설업체를 중심으로 신규투자가 진행되고 있다. 반도건설은 주상복합타워를 지어 국내 판매에 성공했다. 두바이 신도시 프로젝트 계약을 따낸 성원건설 관계자는 "국내 투자자들의 문의가 쇄도하고 있다"고 말했다.

두바이의 교훈

중동에 대해 29년째 연구를 진행해온 필자에게 두바이의 부상은 큰 의미가 있다. 지난 30여 년간 중동권이 '성공'이라는 측면에서 이렇게 큰 관심을 받아본 사례는 없었다. 우리나라를 포함해 어떤 나라도 아랍 국가를 배우겠다는 시도한 적이 없었다. 두바이의 변신은 중동도 바뀔 수 있다는 사실을 가장 잘 보여주는 확실한 사례이다. 중동 혹은 이슬람권을 싸잡아 야만 지역으로 분류하는 지극히 이분법적인 미국의 시각을 그나마 누그러뜨리는 역할을 하는 곳이 바로 두바이다. 9.11 사태 이후 서방국가들은 테러와의 전쟁을 선포하면서 중동 경제의 고삐를 죄었다. 알 카에다의 지도부가 사우디아라비아 출신이라는 점을 들어 국제 테러조직에 대한 사우디아라비아 자금의 유입을 경계하고 이를 차단하려고 미국은 혈안이 되었다. 이로 인해 막대한 오일 머니가 투자처를 잃고 중동 지역으로 유턴하기 시작한 것이다. 어떻게 보면 두바이의 기적은 이러한 상황에 힘입은 바 크다. 실제로 두바이 개발에 투자된 외국자금의 60% 이상이 중동 산유국의 자금이다. 그럼에도 불구하고 두바이의 변신이 중동에 대해 갖고 있는 서방의 불신을 불식 시키는 계기가 된 것은 명확한 사실이다. 궁극적으로는 중동과 서방의 장벽을 무너뜨리는 역사적으로 중요한 역할을 하고 있다. 두바이의 기적이 가진 진정한 힘이다.

서방과의 관계를 넘어 두바이의 사례는 중동의 모델로 확실히 부상하고 있다. 인근 중동 국가들에게 현시대에 필요한 발전 방향을 제시하고 있다. 각국 정부들이 두바이를 배우기 위해 노력하고 있는 것이 이를 증명한다. 중동의 산유국들도 이제 두바이 모델을 따라 산업 다변화를 위한 장기적인 프로젝트들을 추진 중이다. 이 과정에서 정부가 분배하는 석유 수입에 의존하던 국민도 이제 경쟁심을 가지고 일자리를 찾기 위해 노력하고 있다. 개인의 노력으로 삶의 질이 개선하겠다는 의지와 함께 전통 가치도 변하고 있다. 개방적인 그리고 실용주의적인 사고가 확산하면서 가부장적 남성위주의 전통, 종교에 집착하는 비효율적인 경제 논리, 그리고 반서방 의식과 서방 외국인에 대한 무차별 테러가 줄어들고 있다.

국가발전과 번영 그리고 경제성장 등에 집중하느라 폭력이나 이념적 갈등에 신경 쓸 시간이 있을 수 없다. 중동도 이제 내부에서 변화의 움직임이 시작되고 있다. 돈만 있으면 값비싼 외제차를 구입하던 중동의 거부들은 이제 점차 설 자리를 잃고 있다. 미래를 위해 교육에 대한 관심이 커지고 있고 이를 통해 국민의 의식수준도 높아졌다. 정부의 석유수입 분배에 의존하던 국민은 이제 국가의 투명경영과 장기독재 중단을 요구하고 있다. 그 결과 사우디아라비아, 쿠웨이트 등 일부 걸프 왕정에서 여성의 참정권이 보장되고 시민단체 등 NGO 활동도 확대되고 있다. 이제 중동에서도 민주화의 물결이 서서히 일고 있는 것이다.

두바이를 '투자 천국'으로 변모시킨 셰이크 모하메드의 리

두바이의 상상력을 잘 보여 주는 세계지도 모양의 인공섬

더십은 우리에게도 많은 것을 시사한다. 두바이의 세계화 모델을 배우자는 목소리가 높아지고 있다. 수출에 의존해야하는 경제구조를 가지고 있는 우리가 얼마나 국제화된 글로벌 시각을 가지고 있는가를 다시 한 번 돌아봐야 한다. 이슬람권의 작은 토후국이 세계의 이목을 집중시키며 높이 뛰고 있는데, 훌륭한 인적자원을 가진 우리는 시간낭비를 하고 있지는 않는가를 냉철하게 짚어봐야 할 것이다. 우리 사회가 창의력과 독창성 보다는 학력, 연줄 등에 얽매여 훌륭한 인재를 낭비하고 있지는 않는가도 고민해봐야 한다.

셰이크 모하메드의 리더십을 우리가 그대로 받아들이기는 어렵다. 우리는 두바이와 달리 다원화된 정치, 사회 시스템을 가지고 있다. 한 사람의 리더십이 국가의 경제정책을 좌지우지할 수 있는 시대는 지났다. 그러나 우리 사회가 각 분야에서 활동할 다수의 진정한 리더를 키워야 한다는 것은 분명하다.

셰이크 모하메드가 언급했듯이 지도자는 타고 나는 것이 아니라 훈련을 통해 만들어진다. 입시 때문에 학교와 사교육에 심신이 지친 우리 청소년에게 창의적인 리더십을 가르칠 수 있는 분위기를 만들어 주는 것이 현 세대의 의무일 것이다. 단편적인 지식 습득이 아니라 창의적이고 미래지향적인 사고를 가지고 과감한 실천력을 가진 리더를 우리도 양성해야 한다. 두바이는 분명히 우리에게 배울 점을 제공한다. 창조적인 상상력으로 빚어진 명확한 비전을 바탕으로 하는 셰이크 모하메드의 리더십이야말로 우리가 배워야할 진정한 리더십일 것이다.

참고문헌

Al Maktum, Muhammad Bin Rashid., *Ru'yati: Al-Tahaddiyat fi Sibaq Al-Tamayyuz*(My Vision: Challenges in the Race for Excellence, 나의 비전: 최고를 위한 도전), Motivate Publishing, 2006.

Economist Intelligence Unit, *United Arab Emirates Country Profile*, Economist Intelligence Unit, 2005.

*Emirate of Dubai Official Trade Statistics and Commerce Statistic*s, 2005.

Foley, Sean., "The UAE: Political Issues and Security Dilemmas", *Middle Eastern Review of International Affairs 3(March 1999)*.

Records of Dubai 1761~1960 Volume 2, Archive Editions, 1994.

Thesiger, Wilfred., *Visions of a Nomad*, Motivate Publishing, 1994.

Wilson, Graeme., *Father of Dubai*, Media Prima, 1999.

서정민, 『두바이: 무한 상상력과 창조적 리더십』, 글로연, 2006.

한국중동협회, 『한눈으로 보는 아랍 에미레이트』, 다해, 2006.

<정기 간행물>

Al-Hayat (범아랍 아랍어 일간)

Al-Ittihad (UAE 아랍어 일간)

Al-Khaleej (UAE 아랍어 일간)

Al-Rajul (UAE 아랍어 시사월간지)

Al-Sada (UAE 시사 주간지)

Al-Shindagah (두바이 아랍어 일간)

Al-Sharq Al-Awsad (범아랍 아랍어 일간)

Al-Siyasa (쿠웨이트 아랍어 일간)

Destination Dubai (두바이 연간 안내책자)

Imarat Al-Yaum (두바이 아랍어 일간)

Emirates Evening Post (UAE 영자 일간)

Emirates Today (UAE 영자 일간)
Gulf News (두바이 영자 일간)
Internet Chat (두바이 인터넷 전문지)
Khaleej Times (UAE 영자 일간)

셰이크 모하메드 상상력과 비전의 리더십

초판발행 2007년 9월 1일 | 2쇄발행 2007년 9월 15일
지은이 최진영
펴낸이 심만수 | 펴낸곳 (주)살림출판사
출판등록 1989년 11월 1일 제9-210호

주소 413-756 경기도 파주시 교하읍 문발리 파주출판도시 522-2
전화번호 영업 · (031)955-1350   기획편집 · (031)955-1357
팩스 (031)955-1355
이메일 salleem@chol.com
홈페이지 http://www.sallimbooks.com

ISBN 978-89-522-0704-3 04080
       89-522-0096-9 04080 (세트)

값 9,800원

375 레이첼 카슨과 침묵의 봄 `eBook`

김재호(소프트웨어 연구원)

『침묵의 봄』은 100명의 세계적 석학이 뽑은 '20세기를 움직인 10권의 책' 중 4위를 차지했다. 그 책의 저자인 레이첼 카슨 역시 「타임」이 뽑은 '20세기 중요인물 100명' 중 한 명이다. 과학적 분석력과 인문학적 감수성을 융합하여 20세기 후반 환경운동에 절대적 영향을 준 레이첼 카슨과 『침묵의 봄』에 대한 짧지만 알찬 안내서.

277 사상의학 바로 알기 `eBook`

장동민(하늘땅한의원 원장)

이 책은 사상의학이라는 단어는 알고 있지만 심리테스트 정도의 흥밋거리로 알고 있는 사람들에게 바른 상식을 알려 준다. 또한 한의학이나 사상의학을 전공하고픈 학생들의 공부에 기초적인 도움을 준다. 사상의학의 탄생과 역사에서부터 실생활에서 적용할 수 있는 간단한 사상의학의 방법들을 소개한다.

356 기술의 역사 뗀석기에서 유전자 재조합까지

송성수(부산대학교 기초교육원 교수)

우리는 기술을 단순히 사물의 단계에서 생각하기 쉽다. 하지만 기술에는 인간의 삶과 사회의 배경이 녹아들어 있다. 기술의 역사를 통해 우리는 기술과 문화, 기술과 인간의 삶을 연결시켜 생각할 수 있게 될 것이다. 이 책을 읽은 후 주변에 있는 기술을 다시 보게 되면, 그 기술이 뭔가 다른 느낌으로 다가올 것이다.

319 DNA분석과 과학수사 `eBook`

박기원(국립과학수사연구소 연구관)

범죄수사에서 유전자분석에 대한 관심이 커지고 있지만 간단하게 참고할 만한 책은 거의 없는 실정이다. 이 책은 적은 분량이지만 가능한 모든 분야와 최근의 동향을 소개하고 있다. 특히, 내용의 이해를 돕기 위하여 서래마을 영아유기사건이나 대구지하철 참사 신원조회 등 실제 사건의 감정 사례를 소개하는 데도 많은 비중을 두었다.

과학 · 기술

eBook 표시가 되어있는 도서는 전자책으로 구매가 가능합니다.

(주)살림출판사
www.sallimbooks.com
주소 경기도 파주시 문발동 522-1 | 전화 031-955-1350 | 팩스 031-955-1355